Gerhard Naujokat · Verschwiegene Gefühle

Gerhard Naujokat

Verschwiegene Gefühle

Das Problem der Selbstbefriedigung

Verlag Weißes Kreuz GmbH
Vellmar-Kassel

Verlag Weißes Kreuz GmbH
1992
Deutschland: D-3502 Vellmar-Kassel
Schweiz: CH-5724 Dürrenäsch

Graphik: Heimann, Stammbach
Druck: Breklumer Druckerei Manfred Siegel KG
Printed in Germany
ISBN 3-87893-078-X

Inhalt

Zu diesem Buch der WEISSEN REIHE

Das Problem der Selbstbefriedigung ist ein Thema, das lange Zeit tabuisiert oder unter stark eingeengtem ethischen Blickwinkel gewertet wurde. Gewissermaßen im Gegenzug erleben wir in neuerer Zeit eine Entwicklung, welche vom ideologisch-emanzipatorischen Denkansatz her entsprechenden sexuellen Praktiken eine geradezu notwendige anthropologische Selbstverständlichkeit zuschreibt. Beide Extreme werden den Nöten davon betroffener Menschen nicht gerecht. Ihnen ist weder mit verständnisloser Verurteilung noch mit pauschalierender Verharmlosung gedient. Das vorliegende Buch begegnet beiden Extremen mit kritischer Distanz. Es klärt in begrifflich präziser und menschlich einfühlsamer Sprache das Geflecht tradierter Vorurteile, Halbwahrheiten, hilfloser Erziehungspraktiken und verwirrender Verhaltensratschläge, welche den psycho-sexuellen Entfaltungsprozeß des Menschen letztlich nur belasten. Analyse und Darstellung des Phänomens »Selbstbefriedigung« werden erfreulich differenziert, ausgewogen und lebensorientiert vorgenommen. Dabei wird der aktuelle wissenschaftliche Erkenntnisstand in psychologischer Hinsicht ebenso eingebracht wie eine vom christlich-anthropologischen Aspekt her klare Haltung. Der Leser findet die hierzu getroffenen Aussagen in ein umfassendes Erlebens- und Betrachtungsfeld menschlicher Sexualität integriert und erhält den notwendigen Einblick in einen von der Schöpfungsordnung Gottes her vorgegebenen Sinnzusammenhang.

Insbesondere aber möchte der Autor Hilfen anbieten. Solches gelingt ihm nicht nur hinsichtlich klärender sachlicher Aussagen, sondern auch in Form von ermutigenden und aufbauenden Verhaltens- und Lebensperspektiven, bei denen das Eingebundensein menschlichen Tuns in die Unvollkommenheit und Zerbrechlichkeit persönlicher Lebensbewältigung verständnisbereite Berücksichtigung findet. Der Leser wird an Beispiele herangeführt, die mitten aus dem Leben kommen und an denen er die oftmals tiefsitzenden Probleme und Ängste betroffener Menschen nachvollziehen kann. Es werden Hilfen vorgestellt, die psychologisch grundlegend und seelsorgerlich verantwortungsvoll durchdacht worden sind. Bei aller erforderlichen Richtungweisung im religiös-ethischen Sinn rücken immer auch die individuelle Betroffenheit, Hilfsbedürftigkeit und existentielle Verstrickung des konkreten Menschen in den Mittelpunkt der Betrachtung.

Das vorliegende Buch ist eine kompetente, notwendige und umfassende Auseinandersetzung mit dem vielschichtigen Verhaltensphänomen »Selbstbefriedigung«. Die Darstellung zeichnet sich durch differenzierte Analysen, wohltuende Versachlichung und praxisorientierte Hilfeleistung aus und ist von Konzeption und Zielrichtung her objektiv, konstruktiv und wegweisend. Bei allen klargestellten christlich-ethischen Positionen lenkt der Autor aus langjähriger seelsorgerlicher Erfahrung und Verantwortung heraus das Bewußtsein und die Hoffnung des Menschen letztlich auf die »Vergebungsbereitschaft Jesu Christi und seine Wegbereitung im Alltag«.

Professor Dr. Reinhold Ortner
Diplompsychologe
Universität Bamberg

Vorwort

Wenn heute so viel von Partnerschaft und sexueller Betätigung mit all den Sonderformen und Sonderproblemen die Rede ist, wird häufig vergessen, daß die verbreitetste und wahrscheinlich häufigste sexuelle Aktivität die Selbstbefriedigung ist. In fast allen Darstellungen der Sexualität taucht sie jedoch nur am Rande und meist mit gerümpfter Nase auf: Die einen warnen vor ihr als grober Verfehlung gegen den Sinn der Sexualität, die anderen behandeln sie achtlos als Nebensache oder steigern sie ins Unermeßliche, die dritten wissen einfach nichts mit ihr anzufangen.
Sexualethisches Bemühen und sexualpädagogische Verantwortung können aber an dieser Grundform oder richtiger »Rohform« menschlicher Geschlechtlichkeit nicht vorbei. Es ist unbestritten, daß so gut wie alle Erwachsenen sich irgendwann in ihrem Leben sexuell selbst befriedigt haben – über kürzere oder längere Zeit und wohl meist heimlich

und mit schlechtem Gewissen, so daß man ungern darüber spricht. Über Probleme anderer Art ist leichter zu reden.

Es ist Zeit, nach jahrzehnte-, ja, jahrhundertelangen Auseinandersetzungen über Gefahren und Vorzüge der Selbstbefriedigung zu einer abgewogenen Äußerung und einer hilfreichen Antwort zu finden, die unter der Flut verbreiteter Anregung und Aufklärung vor allem jungen Menschen gegeben werden kann. Darum bemüht sich diese Schrift, die einige Grundlinien und einen möglichen Weg zur seelsorgerlichen Beratung aufzeigen möchte.

Die Ausführungen unterscheiden grundsätzlich nicht zwischen der männlichen und weiblichen Selbstbefriedigung. Natürlich sind im Rahmen der körperlich-praktischen Aktivität technisch-biologische Unterschiede gegeben, aber die seelische Ausgangsposition und die geistliche Wertung betreffen entsprechend beide Geschlechter. Den weiblichen Handlungen wird man eine stärkere ästhetische Qualität und eine intensivere Emotionalität zuzubilligen haben. Beim männlichen Geschlecht ist die Handlung eher vom hormonellen Triebdruck diktiert und weist meist gröbere Formen auf. Die Ersatzfunktion der Phantasie betrifft wiederum beide Geschlechter. Selbstverständlich werden vielfache Variationen, Abstufungen und Stärkegrade eine Rolle spielen.

Die einzige Bibelstelle, die uns im Blick auf Selbstbefriedigung zur Verfügung steht, ist Römer 1,24 und deutet wohl den möglichen Suchtcharakter, den Einsamkeitsfaktor und eine eventuelle geistliche Isolierung an. Den angefochtenen und bedrängten Menschen mit seinen intimen Bedürfnissen und verschwiegenen Gefühlen seelsorgerlich einzufügen in den Dienst der Verkündigung und in die Geborgenheit der Gemeinde ist eine Folgerung dieser Schrift.

Zwischen Verklemmung und Enthemmung

Alles, was mit menschlicher Sexualität zu tun hat, ist in der Geschichte des Menschen unterschiedlich gehandhabt und gegensätzlich beurteilt worden. Es gibt offenbar keine »natürliche Sexualität«, weil der Mensch nicht mehr nur Natur ist, sondern aus dem Bereich der Natur in den der Kultur hineingewachsen ist, beziehungsweise vom Schöpfer zu Höherem bestimmt wurde als das Tier. Die Kultur – so ließe sich auch formulieren – ist seine zweite Natur geworden. Damit sind aber ständig Möglichkeiten mehrfacher Deutung und natürlich auch Mißdeutung gegeben. Die Geschichte der Bewertung der Sexualität zeigt das. Dies gilt besonders für ein so verschwiegenes und heikles Betätigungsfeld wie das der Selbstbefriedigung.
Da es in der Sexualität nie ohne Moral abgeht, war auch die Selbstbefriedigung von Anfang an ein bevorzugtes Thema für Theologen, die allerdings von einem bestimmten Ver-

ständnis des Menschen, von einem biblisch geprägten Menschenbild und einer vorgegebenen ethischen Anschauung ausgingen. Daß dabei auch extreme Betrachtungsweisen vorkamen, verwundert nicht.

Theologen drohten mit Höllenstrafen

Selbstbefriedigung ist von Anfang an als eine nicht gottgewollte sexuelle Betätigung, ja, als Selbstbefleckung hingestellt worden. So nannte der Kirchenvater Thomas von Aquin die Selbstbefleckung eine schwerere Sünde als die Unzucht, also den Mißbrauch der Sexualität mit anderen Partnern oder Gegenständen. In den mittelalterlichen Bußritualen spielte die Selbstbefriedigung, sprich Selbstbeflekkung eine maßgebliche Rolle – weitaus beherrschender als etwa die Sodomie, der sexuelle Umgang mit Tieren. So wanderte sie auch in den Beichtspiegel hinein, denn Erwachsene wie Kinder mußten sich bei ehrlicher Prüfung eingestehen, daß sie immer wieder dem Laster der Selbstbefriedigung anheimfielen. Das erforderte Absolution, und wenn diese nicht erteilt wurde, führte das schließlich zu fürchterlichen Strafen. Die theologischen Strafmaßnahmen stürzten den Menschen naturgemäß in die Hölle, also in die Verdammnis der Seele. Die Vorstellung, die dahinterstand, ging davon aus, daß der Mensch seine Energie zum Dienst an Gott und den Menschen einzusetzen hatte. Wenn er sie zur eigenen Lust und im Grunde sinn- und zwecklos vergab, vergeudete er göttliche Schöpferkraft und verging sich damit am Schöpfungswillen Gottes.
Auch mochte mitspielen, daß im Alten Testament (1. Mose 38,8–10) Onan dem Brauch nicht folgen wollte, nach dem Tode des Bruders dessen Frau zu heiraten und mit ihr Kinder zu zeugen. Er unterbrach daher den Verkehr und ver-

goß den Samen auf die Erde. Im Grunde war dies nicht Selbstbefriedigung im üblichen Sinne, sondern eine aus Unwillen und Ungehorsam resultierende Weigerung, mit einer ungeliebten Frau Kinder zu zeugen. So wurde der Begriff Onanie gleichzeitig und fälschlicherweise auf die Selbstbefriedigung – auch Masturbation und Ipsation genannt – übertragen und unter ein neues Verdikt gestellt, das des Ungehorsams gegenüber Gott, womit die Strafdrohung erneut erhöht und verschärft wurde.
Dies geschah übrigens in gleicher Weise im sexualskeptischen Katholizismus wie im puritanischen Protestantismus bis in dieses Jahrhundert hinein. Es hatte manche quälende Pubertätsproblematik zur Folge. An diesem Punkt haben sich die Verkündigung und die landläufige christliche Sexualethik kein Ruhmesblatt erworben.
Stützen konnte sie sich allerdings auf scheinbar naturwissenschaftliche und im populär-medizinischen Schrifttum von Ärzten vertretene Thesen, die zu noch bedrohlicheren Ergebnissen führten.

Mediziner warnten vor Rückenmarksauszehrung

Anscheinend haben auch in früheren Zeiten Kinder und Jugendliche die Lust der Selbstbefriedigung entdeckt oder in seelischen Notsituationen diese Ausflucht gesucht und bis zu suchtartiger Häufigkeit gepflegt. Naturgemäß machte dies den Eltern Sorge. Die Hausärzte versuchten auf ihre Weise, mit dem Übel fertig zu werden. Man band den Kindern die Hände fest, damit sie – etwa bei längeren Kinderkrankheiten – nicht an die Geschlechtsteile gelangen konnten. Zwangsjacken wurden entwickelt, die nur rückwärts zu schließen waren und deren Ärmel die Arme auf der Brust festhielten. Es gab Onanieverhinderungsgürtel, die

aus Segeltuch bestanden und durch Achselbänder gehalten wurden. In der Gegend der Genitalien befand sich ein Metallschild, das jede mißbräuchliche Berührung ausschloß. Ein Mediziner empfahl das Tragen extralanger Hemden, die unterhalb der Füße zusammengebunden werden sollten. Der ganze Körper wurde sogar mittels kleiner Federschlösser und umlaufender Gurte so eingeschnürt, daß der gleiche Zweck erreicht wurde. Geräte aus Eisendraht und käfigähnliche, abschließbare Bauer wurden um die Geschlechtsteile gelegt und mit Riemen befestigt – von den schweren Drohungen und Strafen beim Erwischtwerden gar nicht zu reden. Derartige Apparaturen entstanden vor allem im 17. und 18. Jahrhundert.
Das 19. Jahrhundert – naturwissenschaftlicher und aufklärerischer orientiert – versuchte, dem Problem medizinisch beizukommen. Aber anstelle gesicherter Forschung verbreiteten sich Vermutungen. Entsprechend wurde vor den Folgen des Lasters gewarnt: Geisteskrankheiten wie Paralyse und Schizophrenie schilderte man in finsteren Farben, ebenso Rückenmarksauszehrung und vorzeitiges Altern, spätere Impotenz und Unfähigkeit, Kinder zu zeugen galten als selbstverständliche und wohlverdiente Folge extensiv ausgeübter Selbstbefriedigung in jungen Jahren, Nervenleiden, Haarausfall, Blaßheit und Schwäche als die unmittelbar erkennbaren Symptome.
Mit diesen abschreckenden Makeln und Bedrohungen haben sich viele Jugendgenerationen herumschlagen müssen. Unter dem Damoklesschwert solch fürchterlicher Strafen wuchs ihre Einstellung zur Sexualität heran, wurden in ihnen Ängste gezüchtet, die sie tatsächlich häufig krank und für eine normale sexuelle Beziehung unfähig machten.
Man darf bei der heftigen Charakterisierung dieser Fehlentwicklungen jedoch nicht übersehen, daß sie guten Motiven entsprangen, nämlich der Sorge um die Gesundheit

der Jugend, dem Schutz der natürlichen sexuellen Energien und letztlich einer späteren, im Rahmen von Ehe und Familie sinnvoll kanalisierten Geschlechtlichkeit. Natürlich gab es nicht nur negative Warnungen und Drohungen, sondern auch zahlreiche positive Vorschläge und sinnvolle Alternativen und das bis in die jüngste Gegenwart hinein.

Sparta, Sport und kalte Duschen . . .

Noch in der Kindheit der heute lebenden Erwachsenengeneration war es selbstverständlich, daß junge Leute früh aus dem Bett geholt, unter die kalte Dusche gestellt und zu sportlicher Betätigung angeleitet wurden. Ein gesunder Geist sollte in einem gesunden Körper wohnen. Ein gesunder Körper mußte gestählt und abgehärtet werden. Dies geschah am besten durch Leibesübungen, spartanische Kost und kalte Waschungen. So sollten die erhitzten Triebe abgelenkt und abgekühlt werden und sich gar nicht erst auf den Selbstzweck der Eigenreizung und Selbstentspannung richten können.
Wenn es nicht übertrieben wird, ist dies natürlich gar nicht falsch und mag wirklich der Gesundheit dienen. Mancher hat sich wahrscheinlich dabei erkältet und – vor allem am frühen Morgen –, unsanft aus dem warmen Bett gerissen, aller Gemütlichkeit beraubt gefühlt. Der Ton mancher Lager – von den Pimpfen über die FDJ bis zu den Pfadfindern – war von diesen Impulsen geleitet und von diesem Stil beherrscht, den man mögen muß, um ihn gut zu finden. Aber als wirksames Rezept gegen jugendliche Selbstbefriedigung hat er sich nicht bewährt.
Vielmehr war es eine große Enttäuschung, als in den fünfziger und sechziger Jahren die Jugendforschung aufblühte und nachwies, daß die sexuelle Betätigung – auch auf dem

Gebiet der Selbstbefriedigung – bei sporttreibenden Jugendlichen höher war als beim »verweichlichten« und unsportlichen Durchschnitt. Die Aktivität auf dem einen Gebiet läuft offenbar mit Aktivitäten auf anderen Gebieten parallel. Inzwischen weiß man auch, daß die intellektuelle Jugend, je weniger sie körperbewußt und leibestrainiert ist, sexuell später aktiv wird als die körperlich tätige und mit dem Körper arbeitende Jugend breiter Schichten. Dennoch soll damit nichts gegen gesunde körperliche Betätigung und erst recht nichts gegen Hygiene gesagt sein, aber der gezielte pädagogische Effekt im Kampf gegen die Selbstbefriedigung ist so jedenfalls nicht erreicht worden.
In den letzten Jahren und Jahrzehnten hat deswegen in der Pädagogik ein intensives Nachdenken darüber eingesetzt, ob die bisherige »Abwehrpolitik« und »Bekämpfungsstrategie« wohl die einzig mögliche Haltung gegenüber der nach wie vor verbreiteten Aktivität junger Menschen sei. Eine neue Welle der Nachdenklichkeit, des Fragens und wohl auch der Toleranz setzte ein.

Schädlich oder ganz natürlich?

Es gab mehr und mehr Stimmen, die die Schädlichkeit der Selbstbefriedigung in Frage stellten, auf die weite Verbreitung und die aller Bekämpfung trotzende Praxis dieses sexuellen Verhaltensbereiches hinwiesen.
Hinzu kamen ergänzende Forschungen aus der Zoologie sowie der Verhaltensphysiologie aus dem Tierreich. Nicht nur die Affen onanieren, wie jeder Zoobesucher weiß. Auch andere Säugetiere zeigen Selbstbefriedigungsverhalten wie zum Beispiel Bullen, Hengste, Kamele, Hunde, Ziegen und Schafe. Auch weibliche Säugetiere können sich durch Rutschen und Reiben an entsprechenden Gegen-

ständen selbst befriedigen und tun dies auch in Zeiten der Brunst.
Sicher wird durch den Nachweis eines sexuellen Verhaltens im Tierreich für den Menschen noch keine Normalität dokumentiert, wird ein Verhalten nicht unproblematisch und ethisch unbedenklich. Aber es steigert zumindest die Fragestellung und das Nachdenken, welches die angemessene Bewertung dieses Verhaltens sei. Insgesamt ist die Neigung gewachsen, Fragestellungen, soweit sie die Sexualität berühren, eher unter den Maßstäben der Natur als denen der Ethik zu sehen. Dies läßt sich auch nachvollziehen, wenn mit Natur die Schöpfungsordnung nach dem Willen Gottes gemeint ist und nicht einfach die blinde Triebhaftigkeit, die sich auslebt, wie sie gerade mag.
Allerdings kann das Postulat der Natürlichkeit zu einer neuen, konträren Ethik führen, nämlich zu der Verherrlichung all dessen, was die Natur ermöglicht und erlaubt. Damit wären letztlich für jede Form sexueller Betätigung alle Schranken und Hemmungen sinnlos, wäre das reine Ausleben angesagt und gewiß auch die Selbstbefriedigung eine durchaus mögliche, weil natürliche Betätigungspraxis. Und dies war in der Tat die fast voraussehbare Folge der pädagogischen Diskussion in den sechziger und siebziger Jahren.

Von der Entkrampfung zur Empfehlung

Nach der sexuellen Revolution der sechziger Jahre, in der die Schriften von Wilhelm Reich und Alexander Lowen wiederentdeckt wurden, konnte sich eine Pädagogengeneration – im wesentlichen angeführt von Hartmut Reiche und Helmut Kentler – nicht genugtun in dem Rat, daß Jugendliche es gar nicht erst zu einem Triebstau kommen lassen, sondern sich selbst und natürlich auch gegenseitig auf jede ihnen richtig erscheinende Weise befriedigen sollten. Auch dahinter stand – wie bei fast jedem Mißbrauch und jeder Übertreibung – ein richtiger Gedanke: Man wußte inzwischen (oder unterstellte es), daß totalitäre Systeme ihren Einfluß nur durch sexuelle Unterdrückung und Triebumlenkung erhalten und gesichert hatten. Also wurde im Gegenzug der Versuch gemacht, demokratische und liberale Freiheiten Hand in Hand mit dem Ausleben sexueller Triebe zu erreichen. In diesem Zusammenhang entstanden die bekannten Kommunen I und II – bekannt durch die Namen Teufel und Langhans – in Berlin und anderswo mit wechselnden Partnerschaften. Wenn aber keine Partner verfügbar waren, sollte der sexuelle Triebstau durch Selbstbefriedigung entladen und damit die Anfälligkeit für autoritäre und totalitäre Ideologien und Systeme verhindert und die Befreiung des Menschen ermöglicht werden.

Daß mit dieser seltsamen Umkehrung des Prinzips von Freiheit und Unfreiheit nur eine neue Unfreiheit, nämlich die von den eigenen Trieben erzeugt wurde, blieb wie ein blinder Fleck im Auge der Autoren verborgen.

Inzwischen hat sich die Diskussion entspannt und ein wenig entschärft. Keine der oft sehr apodiktisch vorgetragenen Thesen läßt sich wirklich beweisen. Der Mensch, vor allem der junge, ist der Spielball von Unterdrückungs- oder vermeintlichen Befreiungsideologien und befindet sich weiter im Stadium der Ratlosigkeit, was er mit seinen Körperkräften und seiner beginnenden sexuellen Potenz anfangen soll. Die Tatsache des frühen Erlangens dieser Kräfte, die durch die Entwicklungsverfrühung noch weiter beschleunigt wird, bleibt weiterhin bestehen. Extreme Ideologien helfen hier nicht, Drohungen und Warnungen nützen ebensowenig wie unverantwortliche Empfehlungen. Nach wie vor besteht das Bedürfnis nach einer abgewogenen, humanen und verantwortlichen Einstellung zu den Problemen, die mit der sexuellen Selbstbefriedigung verbunden sind.

Jugendlaster oder Jugendnot?

Um ein umstrittenes Phänomen richtig bewerten zu können, muß man es zunächst kennenlernen, das heißt vorbehaltlos und vorurteilsfrei zur Kenntnis nehmen, beobachten und beschreiben. Dabei darf man sich auch nicht von unerwarteten Feststellungen das Urteil trüben oder die eigene Reaktion durch verfrühte Aufregung verfälschen lassen. Es gibt auf diesem Gebiet genug Kanonendonner und ideologische Polemik. Gefragt sind verständnisvolle Sachlichkeit, aufmerksame und mitfühlende Objektivität, der aufrichtige Wille, verstehen zu wollen, um helfen zu können.
Dabei geht es um die richtige Einordnung einer so verbreiteten Erscheinung wie der Selbstbefriedigung in die menschliche Biographie und in die Gesamtheit ihrer Lebensäußerungen. Bei der Biographie kann man allerdings nicht früh genug beginnen.

Jede Mutter, die einen Buben auf dem Wickeltisch wäscht, pudert und eincremt, kennt gelegentliche erektionsartige Veränderungen an seinem Glied. Mag man hier noch streiten, ob es sich um ähnliche oder gleichartige physiologische Vorgänge handelt, spätestens im Kindergartenalter von drei bis fünf Jahren sind spontane Gliedversteifungen beobachtet worden, wenn auch nicht bei allen Jungen. In dieser Zeit – die Tiefenpsychologen sprechen von der ödipalen Phase – setzt öfter schon eine masturbierende Beschäftigung mit dem eigenen Geschlechtsteil ein. Das ist offensichtlich mit Lustgefühlen und einer inneren Abwesenheit und Losgelöstheit aus der Umgebung verbunden. Mütter und Kindergärtnerinnen sehen solches mit verwundertem Schrecken und versuchen, das Kind abzulenken. Das ist wahrscheinlich auch der richtige Weg. Normalerweise ist noch keine durchgängige sexuelle Triebhaftigkeit vorhanden, die zu immer neuer Wiederholung führt. Bei einigen Kindern ist dies aber doch der Fall. Das liegt weniger an verfrühter Triebhaftigkeit als an den erlebten Lusterfahrungen, die das Kind sich wieder verschaffen möchte – vor allem dann, wenn es von den Eltern vernachlässigt, sozial frustriert, von der Erzieherin oder den Spielkameraden enttäuscht, gehänselt, zurückgesetzt oder gar mißhandelt wurde. So sucht es Trost bei der Beschäftigung mit sich selbst, indem es sich Lustgefühle verschafft.
Das Gefährliche und Schädliche liegt hier nicht in den Lustgefühlen oder in der physischen Schwächung, sondern vielmehr in der Selbstbezogenheit und dem damit automatisch verbundenen Ausschluß von der Gruppe und der größeren Spiel- und Lebensgemeinschaft. Auch wird das Kind leicht zum Gegenstand erhöhter Aufmerksamkeit – sei es, daß die Spielkameraden es »aufziehen«, sich an ihm eben-

falls manipulierend betätigen wollen oder dies nachahmend an sich oder aneinander vornehmen, sei es, daß die Erzieherin oder die Eltern sich ihm mit Strenge und Strafen zuwenden und es damit noch tiefer in die Einsamkeit zurückstoßen, das Leid des Kindes im Grunde also verschärfen.
Bei häufigem, ja suchtartigem Drang zu frühkindlicher Onanie ist in jedem Fall eine Kinderpsychotherapie angezeigt, weil sonst die Gefahr droht, daß sich der Kreislauf der Wiederholung einschleift und das Kind dann nicht mehr auf normalem Wege davon loskommt. Jede Negativbeachtung und vor allem Strafen oder Hänseleien isolieren es und fördern dadurch das Gegenteil.
Etwa ab dem 10. Lebensjahr finden sich Selbstbefriedigungsphänomene schon häufiger, da die sexuelle Reife heute relativ früh eintreten kann. Ohnehin setzte das Reifungsalter in den letzten ein- bis zweihundert Jahren um mehrere Jahre eher ein (Akzeleration). Man führt dies einerseits auf die bessere Ernährung, andererseits auf die erhöhten Zivilisationsreize wie Lärm, Licht, Wärme und andere Emissionen zurück. Sicher spielt auch die Sexualisierung der Umwelt mit ihren permanenten »Vorbildern« auf Plakaten, in Illustrierten, auf Leinwänden und Bildschirmen eine erhebliche Rolle. Wenn für Erwachsene Sex offensichtlich das Thema Nummer eins ist, bleiben Kinder in der nun einmal nicht teilbaren, sondern für alle offenen Welt der Freizeitindustrie und der Massenkommunikation nicht unberührt. Dies hat mit großer Wahrscheinlichkeit Folgen für die sexuelle Reifung und das früher eintretende Sexualverhalten, gewiß auch in Form der verbreiteteren Selbstbefriedigungspraxis bei Kindern.

Gefühl und Trieb schaffen – je nach ihrer individuell unterschiedlichen Kraft und Ausprägung – naturgemäße Spannungen, die eine starke innere Unruhe hervorrufen, besonders in der Zeit der Geschlechtsreife. Beim jüngeren Kind bewirkt hauptsächlich das Emotionale (unbewältigte Gefühle der Unlust, Zurückgesetztsein, zu wenig Liebe, Neid, Eifersucht usw.) diesen Spannungszustand, während beim älteren Kind der erwachende Geschlechtstrieb hinzukommt. Der Entwicklungsschub – hormonal bedingt – setzt nun in vollem Umfang ein. Das ist heute im Durchschnitt mit elf bis dreizehn Jahren der Fall. Ausgelöst wird die körperliche Pubertät durch eine winzige Drüse im Hirnanhang, der sogenannten Hypophyse. Sie weckt sozusagen die Keimdrüsen und verursacht, daß diese von jetzt an in vollem Umfang Sexualhormone ins Blut ausschütten. Diese bewirken eine Veränderung im Erscheinungsbild des jungen Menschen: Sein Wachstum beschleunigt sich, er entwickelt die sekundären Geschlechtsmerkmale: Muskeln, kräftigere Knochen und Bartwuchs beim Jungen; Verbreiterung des Beckens, Entwicklung der Brüste beim Mädchen und bei beiden die Achsel- und Schambehaarung. Beim Jungen kommt der Stimmbruch hinzu. Aber auch psychische Veränderungen treten ein: vermehrtes Interesse an sich selbst, Zurückgezogenheit auf der einen, Drang nach Aufmerksamkeit und Beachtung auf der anderen Seite. Man experimentiert mit sich, der Frisur, der Kleidung, der Handschrift, den Gesten und dem sprachlichen Ausdruck. Die kindliche Naivität geht verloren. Gleichzeitig wird zunehmend der sexuelle Drang präziser und deutlicher gefühlt.

Bei Jungen führt dies häufig auch zu unbeabsichtigten Samenergüssen. Da diese mit Lustgefühlen verbunden sind,

werden sie auch mehr und mehr manipulativ herbeigeführt. Im Bestreben, immer wieder auftretende emotionale bis triebgebundene Spannungen zu bewältigen, stößt das Kind jetzt auf die Erfahrung der Reizung der Geschlechtsorgane. Was dazu den Anstoß gibt, kann verschieden sein: zufälliges »Experimentieren«, Verführung (direkt oder durch das, was ein Kind heute im Fernsehen und im öffentlichen Leben sieht und hört), Neugier und Wißbegierde.
Fast hundert Prozent aller männlichen Jugendlichen kommen auf diese Weise zu einer mehr oder minder häufig vollzogenen Selbstbefriedigung, nicht selten täglich oder sogar mehrmals am Tag. Wenn Mädchen sich auch in der Regel körperlich früher entwickeln, so sind sie doch mit dem Beginn sexueller Betätigung meist zurückhaltender, auch was die Selbstbefriedigung angeht. Dies scheint sich durch die öffentlichen Reizeinwirkungen und den freieren Austausch inzwischen geändert zu haben. Man darf davon ausgehen, daß Mädchen sich ebensofrüh und ebensooft onanistisch betätigen und an ihrem Körper Lustreize und mit der Zeit auch Höhepunkte herbeiführen wie Jungen. Ob mit dem gleichen Drängen und der gleichen Häufigkeit, ist nicht erwiesen, aber zur Beurteilung nicht weiter wichtig. Fest steht, daß sexuelle Aktivitäten in jungen Jahren in der Form der verschiedensten Selbstbefriedigungspraktiken vollzogen werden.
Manche Kinder, so stellen Fachleute fest, werden durch das erste Erlebnis dieser Art mehr erschreckt und beschäftigen sich dann weniger mit diesem Vorgang. Die meisten aber kommen in Zeitabständen immer wieder darauf zurück. Dies vor allem, wenn sie spüren, daß sie damit Lustgefühle empfinden oder ihre Unlustgefühle (Minderwertigkeit, Zurückgesetztsein etc.) abreagieren können. Bei der heutigen Reizüberflutung auf dem Gebiet der Sexualität werden Kinder direkt dazu verführt, alles Unverstandene und von

Erwachsenen als »erstrebenswert« Gekennzeichnete bei sich selbst erleben zu wollen. Das geschieht meist manuell, doch werden auch zunehmend alle möglichen Hilfsmittel und Instrumente dazu verwendet, auf deren Gebrauch später einzugehen sein wird. Das Kind erfindet Verhaltensweisen, Manipulationen, Nachgeahmtes oder »Stellungen«, um auszuprobieren, was man dabei erlebt. Wichtig ist, daß sich Eltern und Erzieher in die Gefühle und die seelischen Reaktionen hineinversetzen, die für junge Menschen damit verbunden sind.

Motive, Gefühle, Auswirkungen

Da die mit der Reife auftretenden unbekannten Gefühle zunächst befremdend und oft auch – trotz des Lustanteils – beängstigend wirken, ist auch die erste sexuelle Betätigung an sich selbst mit eher unheimlichen Gefühlen und meist mit ausgesprochenen Schuldkomplexen verbunden. Man bemüht sich um Heimlichkeit, möchte auf keinen Fall »erwischt« werden und die Eltern davon nichts erfahren lassen. Oft hat das Erwischtwerden oder die Feststellung der Spuren auf dem Bettlaken oder im Schlafanzug vorwurfsvolle Blicke zur Folge, die die Schuldgefühle noch steigern. Häufig wird allerdings in einer Art »sensitiven Beziehungswahns« diese Reaktion in die Erwachsenenumwelt nur hineinphantasiert. Man glaubt, jeder sehe einem die heimliche Tätigkeit an und mißbillige dieses Verhalten. Man fühlt sich erniedrigt und unwürdig, ist enttäuscht über sich selbst. Das wiederum bedrückt und macht mißlaunig. Man empfindet irgendwie Scham, und alles ist nachträglich gar nicht mehr so schön, wie man es vorher gedacht hatte.

Auch ohne daß es zu nennenswerten Warnungen oder Stra-

fen seitens der Eltern gekommen ist, kann die Selbstkritik des Jugendlichen so weit gehen, daß er sich moralisch minderwertig vorkommt. Vor allem dann, wenn er gegen die ständige Wiederholung ankämpft und dabei immer wieder vom Reiz und vom Drang der Triebe überwältigt wird. Dann reiht sich sozusagen Niederlage an Niederlage, und es tritt das deprimierende Gefühl der Willensschwäche, des ständigen Scheiterns und des menschlichen Unwertes ein. Die früher dramatisierten körperlichen Auswirkungen sind in der Tat gering anzusetzen und können in den meisten Fällen vergessen werden. Bezüglich der psychischen Auswirkungen jedoch besteht bei kontinuierlicher Selbstbefriedigung die Gefahr, daß das »Ich« sich auf sich selbst zurückzieht und die Auseinandersetzung mit dem »Du« scheut. Die wichtige Entwicklung sozialen Fühlens und sozialer Interaktion wird erschwert oder auf Neben- und Abwege umgeleitet. Der für eine spätere Ehe wichtige Durchbruch, der Selbst-Aufbruch hin zum Du, zum Partner, kann durch lang andauernde Masturbation erschwert, vielleicht durch ein beim Selbstbefriedigen konditioniertes »Immer-nur-Ich-Erleben« geschädigt werden.
Dieses Ergebnis ist in jedem Falle gefährlicher und schädlicher als das Verhalten selbst. Aufgabe der Eltern wäre es, diesen überhöhten Moraldruck zu entlasten und Gesprächsbereitschaft anzudeuten: »Wenn du eine Frage oder ein besonderes Problem hast, dann wende dich bitte ganz offen an uns.« Das Gespräch mit einem verständnisvollen, wissenden Partner kann enorm entlasten und den Überdruck normalisieren. Nicht immer werden und können das die Eltern sein. Vielfach wäre anzuraten, eine etwas ferner stehende Vertrauensperson aufzusuchen, um ein offenes Gespräch zu führen. Selten findet solch ein Gedankenaustausch mit Gleichaltrigen statt, da diese noch nicht den Abstand und die Reife besitzen, das Problem sozusagen neu-

tral anzugehen. Rückhalt, Verständnis und verantwortliches Denken sind jedoch nötig, um dem Betroffenen, der nicht selten zutiefst leidet, Entlastung zuzusprechen. Ein unrechter Partner empfindet womöglich hämische Neugier und kann auch zur neuen Stimulation anregen. Auch die Doktorspiele der früheren Jahre – bei Mädchen ebenso wie bei Jungen – können zu verstärkter Manipulation an sich selbst oder aneinander führen und sind deswegen nicht ganz so harmlos, wie sie gelegentlich hingestellt werden. Ein einmaliges Spiel in dieser Richtung sollten Eltern gerne bewußt übersehen. Wenn sich aber eine Art Wiederholungssucht einstellt, werden hiermit falsche Sexualweichen gestellt, die für die spätere partnerschaftliche Entwicklung gefährlich sein können. Daher sollten Wiederholungen abgestoppt werden.

Wie Normen und Erwartungen sich wandeln

In den Lebensberichten von Erwachsenen finde ich noch häufig, daß von drakonischen Strafen erzählt wird, wenn die sogenannte Onanie – häufig auch als »Jugendsünde« oder »heimliches Laster« umschrieben – entdeckt wurde. Jede kindliche und jugendliche Sexualbetätigung erschien zutiefst verderblich und verdorben, sündhaft und strafbedroht. Schuldgefühle wurden bewußt erzeugt und führten zu erheblichen seelischen Beklemmungen und sexuellen Verklemmtheiten.
Moderne Eltern oder solche, die sich gerne dafür halten, sind stolz darauf, die jugendliche Onanie als etwas ganz Normales hinzustellen und sie sogar zum Ausgleich des physischen und psychischen Kräftehaushaltes zu empfehlen. Auch diese Einstellung ist nicht ohne Probleme und kann neue Leiden erzeugen. Sie verhindert vor allem die

notwendige Auseinandersetzung des Jugendlichen mit seiner eigenen Triebhaftigkeit und verkürzt gleichzeitig die Aufgabe, sich in der Disziplinierung der Triebe einzuüben und durch positive Aufgaben und andere Lebensinhalte abzulenken.

Für Eltern ist Vorbeugung viel wichtiger als eine spätere »Behandlung«. Eine vorbeugende Maßnahme wäre in erster Linie, daß das Kind das Gefühl hat, angenommen und geliebt zu werden, in der Familie geborgen zu sein und Vater und Mutter fest auf seiner Seite zu haben. Eine klare geistig-geistliche Familienatmosphäre bietet meist dieses Klima. Darüber hinaus können Sauberkeit und körperliche Bewegung, das Vermeiden von zu enger Kleidung (z.B. Jeans) als unnötiger Reiz-Dauerwirkung, die rechtzeitige geschlechtliche Aufklärung und die ständige Gesprächsbereitschaft eine Hilfe sein.

Eltern werden jedes Dramatisieren vermeiden. Aufgeregtsein, Angstmachen und Drohen lassen aus der Angelegenheit etwas entstehen, was zunächst gar nicht da ist. Der für das Kind vorerst nur interessante Erlebnisvorgang würde mit einer »Gewichtung« versehen und mit einer angsteinflößenden Assoziation, die nicht gut sein können. Vielmehr werden Eltern und Erzieher darauf achten, daß das Kind keine seelischen Defizite verbucht durch Liebesentzug und Zurückgesetztfühlen. Es braucht Zuwendung, Wärme, Zärtlichkeit und Selbstbestätigung.

Unbedingt zu vermeiden wäre, dieses Problem von der religiösen Argumentation her für das Kind belastend werden zu lassen. Ein religiöses Gespräch darf nur nach vorausgegangenen anderen Lösungsansätzen erfolgen. Etwa mit Gott zu drohen bringt keinerlei sachliche noch religiöse Entlastung mit sich.

Mag auch die früher empfohlene Methode – Strenge, Sport und kalte Duschen – unwirksam und völlig überflüssig ge-

wesen sein, nachweisbar positiv zu werten wäre aber die Ergriffenheit durch höhere Ziele, durch geistige und geistliche Inhalte, durch Hobbys und Interessen, durch Lektüre, Studium und partnerschaftlichen Umgang mit anderen Menschen. Das alles wirkt entlastend und befreit den Jugendlichen aus dem ständigen in sich selbst drehenden Kreislauf der Wiederholung von eigenhändig herbeigeführten sexuellen Lusterlebnissen.
Darum ist es sicher gut, daß man aus der negativen Fixierung auf etwaige schädliche Folgen der Onanie herausgewachsen ist und zu einer reiferen Einstellung kam. Der Vorgang der Selbstbefriedigung ist einerseits vom schweren Strafmakel zu befreien, andererseits vor der Gefahr der Gleichgültigkeit und Verharmlosung zu schützen und zu bewahren. Immerhin handelt es sich um ein Kräftepotential, das gezügelt und gezielt werden muß und in der Form der Sublimierung auch höheren Energieformen dienen soll. Insofern ist es kein Zufall, daß sexuelle Betätigungen früher und häufiger verzeichnet werden bei Jugendlichen ohne geistige Interessen und Bildungsanregungen als etwa bei Oberschülern und Studenten, die durch eben diese Ausrichtung und die Fülle des Lernstoffes eher abgelenkt oder deren vitale Energien häufiger umgelenkt werden auf andere, humanere Ziele.

Was ist normal, was ist gesund?

Gegenüber den vorangegangenen Überlegungen verblaßt inzwischen die klassische Frage, inwieweit Selbstbefriedigung noch normal oder gesund sei. Sie ist jedenfalls nicht abnorm oder krankhaft. Die früheren Ängste medizinischer Art und auch des geistigen Zerfalls sind widerlegt. Aber der selbstverständlichen Empfehlung zu möglichst

häufiger, gedanken- und kritikloser Betätigung ist damit nicht Tür und Tor geöffnet. Denn sie fördert keineswegs die Normalität. Bei größerer Häufigkeit wird es zu physischer Überreizung und nervlicher Überspannung kommen, die durch verminderte Aufmerksamkeit (etwa in der Schule), gestörte soziale Kontakte und allzu große Fixiertheit auf sich selbst und das eigene Lusterleben gekennzeichnet sind und darüber hinaus auch zur eigenen Willensschwäche führen können. Nicht selten kann es zu einem Suchtverhalten kommen, zu ungeahnter Vielzahl und gefährlicher Anwendungspraxis, die zermürbend wirken. Wenn alle Konzentration nur noch den Genitalien gilt und stündlich und mehr Befriedigung auf Befriedigung erfolgt, dann geht sie für Lerninhalte und Lebensvorgänge verloren. Eine so herbeigeführte seelische Labilität blockiert die charakterliche Ausreifung und verhindert ein geschlechtsspezifisches Menschwerden. Bei normal entwickelten Jugendlichen sind gesundheitliche Bedenken ansonsten unbegründet.
Das Kind und den Jugendlichen in seiner Gesamtheit als Person anzunehmen ist in jedem Falle vorrangiger als eine Verhaltensweise, die die Selbstbefriedigung »herausreißt« und diese mit negativer Akzentuierung belastet, ohne dem Betroffenen zu helfen, aus eigenem Ansatz damit fertig zu werden.
Ob ein zehn- bis dreizehnjähriges Mädchen orgasmusfähig ist, ist nicht so ohne weiteres festzustellen und zu beurteilen. Wahrscheinlich ist das nur in den seltensten Fällen so. Gerade der weibliche Orgasmus ist hinsichtlich seiner tiefen Erlebnisfähigkeit durch emotionale Faktoren – zum Beispiel Hingabe an den Partner und zu einem späteren Zeitpunkt der Wunsch nach einem Kind – wesentlich mitbedingt. Eine solche seelisch bedingte Fähigkeit kann bei ganz jungen Mädchen noch kaum recht entfaltet sein.
Ob in diesem Alter bei Jungen und Mädchen die völlige

Beherrschung des Sexualtriebes möglich ist, erscheint zweifelhaft. Wahrscheinlich bahnt sich eine normale sexuelle Triebspannung von Zeit zu Zeit ihren Weg. Aufgabe und Auftrag in jeder Altersphase wird es aber sein und bleiben, sich mit ihr auseinanderzusetzen, um geschlechtliche Triebe einerseits unter Kontrolle zu bringen und sie im positiven Sinne zu disziplinieren. Wichtig ist es, die vorhandenen sexuellen Impulse in seelische und geistige Energien umzusetzen. Alles andere wäre in der Tat nicht normal, weil sonst der Mensch auf der Stufe des Tieres fixiert bliebe. Andererseits sind die Abtötung und totale Verdrängung nicht wünschenswert, denn in einer späteren Ehe soll die Funktion der Sexualität gegeben sein und zur gegenseitigen Beglückung ausgeübt werden. Immer aber – auch in der Ehe – ist mit humaner Sexualität auch belebende Geistigkeit verbunden, so sagte es schon Friedrich Nietzsche mit Recht: »Der Trieb ist der Dampf, der bis in die höchsten Höhen der Geistigkeit aller treibt.« Aber eben nur der Dampf und nicht etwa der Kompaß oder das Steuerrad, nur die von unten her wirkende Schubkraft und Energie, ohne die sich allerdings nichts bewegen würde und die Welt an Leben und Dynamik ärmer wäre. Das macht die hohe Bedeutung der Sexualität aus, deren erste und häufigste Erscheinungsform nun einmal die Selbstbefriedigung ist. Größe und Grenze dessen zu sehen erfordert Augenmaß und ein unaufgeregtes, abgewogenes Urteil, um das Eltern und Pädagogen sich immer aufs neue bemühen müssen. Sie sind dem Heranwachsenden Hilfe schuldig. Hilfreiches Handeln aber hat nicht Angst und Furcht als Ausgangspunkt, sondern fundiertes Verständnis und wegweisende Menschlichkeit.

Reifephasen und Geschlechtsdifferenzierung

Die menschliche Reifung ist ein Mischprodukt von biologischen Vorgängen, sozialen Einflüssen, geistiger Einwirkung und bewußter Willenslenkung. Es ist keineswegs so, daß der Mensch nur einem natürlichen Entwicklungsprogramm folgt und dabei gleichsam Altersstufe um Altersstufe abhakt und dann bestimmte biologische Reifungssymptome aufzuzeigen hat. Während früher beispielsweise die Reifung häufig erst mit sechzehn oder siebzehn Jahren eintrat, wird sie heute nicht selten schon mit zehn oder elf Jahren beobachtet. Im allgemeinen ziehen sich überhaupt die Reifungsvorgänge länger hin, und die Pubertät braucht mehr Zeit.
Um zu einer gerechten Würdigung des Sexualverhaltens zu kommen, sollte ein Blick auf die jeweiligen Reifungsbedingungen und -prozesse geworfen werden. Dabei ist es zweckmäßig, von vornherein Mädchen und Jungen in ihren getrennten Reifungsverläufen zu unterscheiden.

Mädchen reifen früher, aber langsamer

Bei den meisten Mädchen beginnen schon um das zehnte Lebensjahr herum ein beschleunigtes Wachstum und die Veränderungen, die die Pubertät mit sich bringt. Die Bekkenknochen verbreitern sich, und der Körper streckt sich in die Höhe. Mit dreizehn Jahren sind die Mädchen durchschnittlich zwei bis drei Zentimeter größer als die gleichaltrigen Jungen – ein Vorsprung, der erst fünf bis sieben Jahre später wieder eingeholt und überholt wird. Männer werden im Durchschnitt acht bis zehn Zentimeter größer als Frauen.

Äußerlich setzt die Pubertät mit der ersten Blutung ein, die für das Mädchen meist mit Unannehmlichkeiten und Unpäßlichkeiten sowie mit besonderer Aufmerksamkeit im Blick auf Hygiene und Sauberkeit verbunden ist.

Das führt dazu, daß Mädchen gelegentlich ihre Pubertät eher mit Gefühlen der Unlust erleben. Das Bewußtsein, als Frau stolz auf das eigene Geschlecht zu sein und es gefühlsmäßig auszufüllen, tritt meist wesentlich später ein. Zugleich wird mit der ersten Blutung auch ein etwa vierwöchentlicher Rhythmus eingeleitet, an dessen Beginn die Frau durchaus aufgeschlossen, aktiv und lebenslustig ist – während am Ende des Zyklus verstärkt Gefühle von Spannungen, Reizbarkeit und Empfindsamkeit ausbrechen.

Eine kurze Erklärung des weiblichen Zyklusverlaufs macht diese psychologische Besonderheit vielleicht verständlicher. In den weiblichen Eierstöcken (Ovarien) liegen einige tausend Eier bereit, von denen – jeweils abwechselnd auf der rechten und der linken Seite – Monat für Monat eines heranreift und zum Zeitpunkt des Eisprungs (Ovulation) den Eierstock verläßt und durch die Eileiter (Tuben) den Weg zur Gebärmutter antritt. Wenn es auf diesem Weg durch eine entgegenkommende Samenzelle befruchtet wird, beginnt eine Schwangerschaft. Andernfalls geht das Ei schon nach einem Tag auf dem etwa einwöchigen Weg in die Gebärmutter – die sich mit einem Anschwellen und Durchbluten der Schleimhäute darauf vorbereitet hat, ein befruchtetes Ei zu empfangen – zugrunde und wird mit einer Blutung nach insgesamt 14 Tagen ausgestoßen. Dieser Vorgang dauert selbst wieder einige Tage und wird als Regel, Periode, Monatsblutung oder Menstruation bezeichnet.

Man unterscheidet in diesem vierwöchigen Verlauf des weiblichen Zyklus zwei Phasen: zum einen die Gelbkörperphase, in der auch eine mögliche Schwangerschaft vorbereitet wird. Sie beginnt etwa mit dem Eisprung und wird von den Gelbkörperhormonen, den sogenannten Gestagenen, bestimmt. Diese bewirken die geschilderte Stimmungsveränderung, die die Frau mehr auf sich selbst und die mögliche Empfängnis eines Kindes einstellt. Wenn dieses Ereignis nicht eintritt, beginnt durch die Wirkung des sogenannten Follikelhormons, beziehungsweise der Östrogene die zweite Phase, die die Frau wieder aufgeschlossener und stärker auf den Mann orientiert sein läßt. Während sie in der einen Phase eher passiv umsorgt und geborgen sein möchte, ist sie in der Aufbauphase selbst aktiv und werbend, auch für erotische Kontakte empfänglicher. Solange es zu diesen Kontakten nicht kommt, liegt naturgemäß die Bereitschaft zur Selbstbefriedigung näher.

Wenn man sich diese Vorgänge im weiblichen Körper intensiv veranschaulicht, ist man erstaunt über die komplizierten und doch wunderbar geregelt ablaufenden Prozesse. Demgegenüber ist das Geschehen im männlichen Körper weitaus einfacher, um nicht zu sagen uninteressanter. Eine Frau sollte diese Vorgänge mit Aufmerksamkeit und Bewunderung studieren und sich keinesfalls deswegen minderwertig oder benachteiligt fühlen. Das ist in der Tat eine Gefahr, die gerade zur Zeit der Pubertät besteht. Körperfeindlichkeit und Prüderie, ungesunde Hemmungen, ja nicht selten so etwas wie Ekel können das Selbstwertgefühl des Mädchens schwer und dauerhaft beeinträchtigen, so daß seine Weiblichkeit und Anmut, sein Liebreiz und seine Liebesfähigkeit darunter leiden.

Jungen reifen explosiver

Später als beim Mädchen tritt normalerweise die biologische Reife beim Jungen ein, markiert durch die erste Samenentleerung. Sie erfolgt als sogenannte Pollution meist unwillkürlich und nachts, wird aber auch oft durch manuelle Reizung herbeigeführt. In Verbindung mit dem Samenerguß erlebt der Junge - öfter in Gestalt eines lustvollen Traumes, in dem er die Reize des weiblichen Körpers wahrnimmt - immer wieder die geschlechtliche Erregung bis zum Höhepunkt des Lustgefühles. Dies ist zunächst eine sowohl beglückende als auch bestürzende Erfahrung, die einerseits als Befreiung und Befriedigung, andererseits als Befleckung und Beschmutzung empfunden werden kann. Letzteres jedoch nur, wenn ein Junge seine Sexualität und die unbekannten Vorgänge innerhalb und außerhalb seines Körpers als abstoßend und abscheulich empfindet, weil ihm davor unheimlich ist oder durch falsche Erziehung Abwehr und Angst eingeflößt wurden. Dabei ist ein mehr oder weniger regelmäßiger Samenerguß vom Zeitpunkt der biologischen Reife an etwas Normales.
Von nun an sollten Jungen, die sonst nicht zu besonderer Reinlichkeit zu neigen pflegen, in regelmäßigen Abständen ihr Glied, besonders die Eichel unter zurückgezogener Vorhaut, durch Waschungen vorsichtig reinigen. Sonst tritt durch das abgelagerte Smegma, eine weißliche Masse, Juckreiz auf, aus dem sich eine unangenehme Entzündung

entwickeln kann. Die ohnehin schon häufige Neigung zur Gliedversteifung wird dadurch noch gesteigert und die Aufmerksamkeit in oft belastender Weise auf die eigenen Genitalorgane gelenkt. Solche Erektionen, die mit entsprechenden optischen Erlebnissen oder mit erotischen Träumen verbunden sind, aber auch durch mechanische Reize oder eine volle Blase ausgelöst werden können, sind gerade in der ersten Zeit der sexuellen Reife besonders zahlreich. Sie vermögen einen Jungen erheblich zu stören, seine Konzentration zu beeinträchtigen, die Aufmerksamkeit anderer auf ihn zu lenken oder auch nur die Sorge zu wecken, daß das geschehen könnte und ihn damit zu unguten Handlung verleitet.

Eine übertriebene Selbstbefriedigungspraxis zeigen u.a. Jugendliche mit einem unausgewogenen Triebgeschehen oder mit sehr enttäuschenden sozialen Situationen wie schlechtem Familienmilieu, wiederholtem Schulversagen, Minderwertigkeitsgefühlen, Verstimmungen und mangelnden sozialen Kontakten. Enttäuschungen und fehlende Lust- und Erfolgserlebnisse sind es mitunter, die einen Jungen zu häufiger Selbstbefriedigung führen. Sie kann sich aufreizend auf die nervliche Verfassung und abträglich auf die innere körperliche und seelische Ausgeglichenheit auswirken. In diesem Zustand der Gereiztheit stellt sich das onanistische Begehren immer wieder aufs neue ein, so daß ein Kreislauf entsteht, aus dem dann schwer ein Ausweg zu finden ist.

Die Pubertät ist also für beide Geschlechter eine aufregende und dennoch für das Erwachsenwerden unerläßliche Durchgangsphase. Ihr zeitlicher Ablauf, vor allem aber ihre Bewertung schwanken enorm, wenn auch sozusagen das Grundmuster das gleiche bleibt. Zuerst erfolgt beim Heranwachsenden die notwendige Entdeckung des Körpers und seiner Funktionen, sodann folgt eine zumindest wünschenswerte Disziplinierung und Steuerung dieser Funktionen und Triebe, schließlich wird die geschlechtliche Handhabung der sexuellen Regungen in einer Ehe und Partnerschaft gewollt, erprobt und gelebt.

Die Unterschiedlichkeit der Triebe

Die hormonale Situation beider Geschlechter wirkt in der Pubertät, trotz gewisser Parallelen, sehr unterschiedlich. Beim Jungen, beziehungsweise beim werdenden Mann bahnt sich schon jetzt die heftigere, explosivere Triebentwicklung an, die auch den stärkeren Drang nach rascher Entladung zur Folge hat und damit zu meist früherer, mit Sicherheit aber intensiverer Selbstbefriedigung führt. So wird häufig der Bogen von der Erregung bis zur Entspannung immer weiter verkürzt. Für die spätere gemeinsame Geschlechtlichkeit mit einer Frau ist dies von Nachteil, weil die Erregungskurve der Frau meist langsamer ansteigt und auch allmählicher abklingt, während der Mann schneller erregbar und auch rascher wieder »abgekühlt« ist. Dadurch kann die sexuelle Harmonie außerordentlich beeinträchtigt werden, so daß der Mann sich darin üben sollte, seine Erregungsabläufe zu verlangsamen, um dadurch zu einer größtmöglichen Übereinstimmung mit seiner Partnerin zu kommen.

Beim Jungen hat die von der Hypophyse ausgelöste Keimdrüsenentwicklung zu einer gesteigerten Produktion von Sexualhormonen und zur gleichfalls in den Keimdrüsen erfolgenden Produktion von Samenzellen geführt. Die Hormone werden ins Blut, die Spermatozoen über die Samenleiter und das Glied nach außen abgegeben.

Während beim Mädchen die sexuelle Erregung nach heutiger Erkenntnis lediglich vom Sexualzentrum des Gehirns gesteuert, aber nicht durch weibliche Hormone gesteigert wird, geschieht dies beim Jungen durch die männlichen Hormone zusätzlich und intensiv. Darum ist die Erregungsfähigkeit des Mannes, vor allem in den ersten Jahren nach erlangter Sexualreife, erheblich. Dies erklärt wohl auch die größere Verbreitung von Selbstbefriedigung bei Jungen und deren stärkere sexuelle Aktivität. Das kann auch zu dem häufig zu beobachtenden Nebeneffekt führen, daß männliche Jugendliche ihre Sexualität eher isolieren, abspalten und als ein Sachproblem – das heißt losgelöst von der Ganzheit der Person – auffassen und erleben. Dies wiederum erschwert den Prozeß, Sexualität zu integrieren und zu humanisieren.

Natürlich sind auch falsche Hemmungen und Ängste zu vermeiden, wenn die Sexualität sich gesund entwickeln soll. Das Ziel ist eine ausgeglichene und gelassene Gefühlslage, in der man sich unbefangen begegnet und lieben lernt. Nach den gärenden Durchgangsstufen der Pubertät ist dies heute gewiß keine leichte Aufgabe. Die Einstellung dem anderen Geschlecht gegenüber sollte weder von übertriebener Neugier noch von ängstlicher Ablehnung bestimmt sein. Interesse und gesunde Spannung, Faszination, aber auch der Drang, dem anderen wichtig zu werden und sich entsprechend körperlich zu pflegen und geistig zu entfalten, sind die Reifungsimpulse, die mit dem Pubertätsgeschehen verbunden sein können und sollen.

Die Sexplosion und der junge Mensch

Das Reifungsgeschehen verläuft nicht nur innerhalb des psychophysischen Organismus bei Jungen und Mädchen und ist nicht nur ein personales Problem der Betroffenen. Sexuelle Akzeleration geschieht auch auf dem Hintergrund der sexuellen Revolution, die in den letzten Jahrzehnten unsere Kultur bestimmt hat.

Das vertiefte Verständnis von Sexualität und Partnerschaft ist heute ungemein verflacht. Dazu haben die lange Zeit erfolgreiche Bekämpfung der Geschlechtskrankheiten, die weite Verbreitung der Verhütungsmittel, der Exhibitionismus der Schaufenster, Leinwände und Illustrierten sicher erheblich beigetragen. »Sex« in Form der geschlechtlichen Begegnung zweier Menschen wird so zu einem in gegenseitigem, ja allgemeinem Verständnis konsumierbaren Reiz- und Entspannungserlebnis, einige Grade erregender und entspannender (denn der Zeitgenosse will beides zugleich) als Zigaretten und Alkohol. Auf derselben Ebene findet der Jugendliche auch die Sexualität angepriesen und dargestellt, und zwar nicht nur in Sexfilmen und Pornoheften oder in der St. Pauli-Presse, sondern auch in Inseraten der Illustrierten, Wochenendblätter und Romanhefte. Zahllose Versandgeschäfte und Sex-Shops vertreiben in Deutschland – auch in den neuen Bundesländern – technisches und literarisches Zubehör zur Sexualität. Es hieße die Wirklichkeit naiv verkennen, wollte man annehmen, es gäbe viele Jugendliche, die derlei Schriften noch nicht in der Hand gehabt hätten.

Eine ungeheure und unübersehbare Sexualisierung der Öffentlichkeit ist die Folge. Sie bewirkt paradoxerweise ebenso eine Unter- wie Überbewertung der Geschlechtlichkeit: auf der einen Seite wird sie Thema Nummer eins, auf der anderen eine auf Triebebene vollzogene Teilbefriedigung, die mit der Person selbst nichts mehr zu tun hat.

Sex ist ein Markenartikel geworden, ein Warenzeichen, das sich auch ausgezeichnet für einen neuen Weinbrand, eine Schuhcreme oder ein Spülmittel eignen würde: kurz, schlagkräftig, suggestiv und bestechend, kribbelnd wie Sekt, nur viel populärer und meist – viel billiger.

Wer sich über Sex informieren möchte, bekommt allenthalben einen freigebigen und kostenlosen Anschauungsunterricht dargeboten. In den meisten Fällen handelt es sich jedoch nicht um Bildungshilfen, sondern um eine Art Prostitution, die sogenannte optische Prostitution. Ganze Reservearmeen junger Mädchen scheinen bereitzustehen und nur darauf zu warten, von Fotografen entdeckt, entkleidet und an Magazine und Illustrierten (und durch sie) veräußert zu werden. Auf hochglänzenden Kunstdruck- und sattfarbenen Kupfertiefdruckseiten quellen - in zwei Dimensionen gebannt - ihre dreidimensionalen Vorzüge dem anscheinend unerschöpflichen Appetit der Fleischbeschauer entgegen. Natürlich wirkt sich dies auch auf das Reifungsgeschehen junger Menschen aus: Sie werden früher an sexuelle Themen und Aktivitäten herangeführt. Die Verbreitung der Verhütungsmittel und die im Zeichen von Aids offizielle Reklame dafür tragen weiter zur Überwindung von Hemmungen und zur Propagierung sexuellen Konsums bei. Solange man keinen Partner hat, geschieht dies in Form der Selbstbefriedigung und der Benutzung gedruckter Vorlagen. Hier vollzieht sich unter einem öffentlichen Konsumdruck eine - allerdings für die Wirtschaft unrentable und uninteressante - Konsumentenwirkung des sexuellen Alleinverbrauchers, deren Ausmaß kaum realistisch ab-, aber auch kaum hoch genug einzuschätzen ist.

Beispiel, Mode und Stimulation

So wie die Nackt- und Pornomodelle die manipulierten Objekte und Lockvögel einer riesigen Anpreisungs- und Amüsiermaschinerie sind, so orientieren sich Millionen, vor allem einsame Menschen, an diesen dargebotenen Reizen, um sie nachzuahmen oder mehr oder minder genie-

ßerisch zu konsumieren – und das in hohem Maße durch die nachfolgende Selbstbefriedigung, das Ersatzerlebnis für intimen Kontakt.
Daß hierbei auch die Mode eine Rolle spielt, daß knappe Pullover, enge Jeans, Miniröcke, Strumpfmuster, Haartracht usw. stimulieren, steht außer Zweifel. Die Sängerin Madonna mit ihrem provozierenden Auftreten und Verhalten in Sachen Mode, ihren exhibitionistischen Darstellungen und ihren verbalen Selbstenthüllungen scheint so etwas wie ein Vorbild für eine Mädchengeneration und gleichzeitig ein Stimulator für die sexuelle Erregung bei Männern geworden zu sein. Ihr machen es Millionen andere nach: Die Eskalation der sexuellen Herausforderung treibt bunte Blüten.
Dabei erfüllt die sexuelle Stimulation durchaus auch Marktinteressen. Einmal wird zunehmend der Medienmarkt – auch das Fernsehen – von derartigen Ekstasen und Exhibitionismen, Enthüllungen und Provokationen bedient, zum anderen wächst der Markt der erotischen Accessoires und »Anzüglichkeiten«. Schließlich sind es auch die »Hilfsartikel« – in jedem Sex-Shop offen erhältlich –, die offensichtlich der Selbstbefriedigung dienen und die somit doch noch einen gesellschaftlichen Marktwert bekommen.
Die Degradierung der Sexualität, das heißt die Gleichstellung der sexuellen Bedürfnisse mit reinen Elementartrieben im Zuge eines solchen Entwicklungsprozesses ist wohl das alarmierendste und deprimierendste Ergebnis. So wird auch die mitmenschliche Begegnung zu einem Konsumvorgang, der das Gegenüber zu einem Stück Materie oder einem Schluck Wasser macht, zum Naschen oder zum zeitweiligen Genuß bestimmt. So verkennt man das Wesen menschlicher Sexualität, die nicht nur Befriedigung will, sondern auch und vor allem Erwiderung. Der Mensch ver-

armt, wenn er sich die Sexualität derart verkürzen läßt, der Partner nur noch Sexualobjekt, nur noch Umrandung seiner Geschlechtszonen wird.

Die Sexualität des Menschen hat weitere Horizonte als die des Tieres. Er kann sie in der Ehe verwirklichen, wenn er sich selbst mit seinem ganzen Personsein einbringt. Dann braucht er sie weder zu verdrängen noch zu deformieren, auch nicht zu verneinen oder zu unterdrücken. Aber er verwirklicht sie nicht, indem er seinen biologischen Trieben freien Lauf läßt. Mit ihnen hat man Sexualität allzuoft gleichgesetzt – so wie jener Landpastor, der auf die Frage, ob er im Konfirmandenunterricht auch Sexualerziehung betreibe, nur zu antworten wußte: »Ach wissen Sie, das ist bei uns nicht nötig, das sehen die Kinder ja im Kuhstall.« Und vielleicht ist es auch kein Zufall, daß der bekannteste Lebensberater der Nation in ungeklärten Sexualfragen ausgerechnet ein gelernter Landwirt ist: Oswald Kolle.

Was der Mensch von Natur aus mitbekommt, ist so etwas wie der Treibsatz einer Rakete. Das Ziel und die Richtung muß der Mensch bestimmen und in vielen Stufen verwirklichen, bei denen er die dritte nicht vor der ersten zünden sollte. Diese Grundenergie der Sexualität ist in allen Lebensäußerungen des Menschen enthalten, in seiner Freude und in seiner Angst, in der Beziehung zum anderen und zu sich selbst. Zu bedenken ist immer, daß durch unerwünschte äußere Einflüsse und unverantwortliches Handeln die menschliche Reife und eine integrierte Sexualität verfehlt werden können.

Selbstbefriedigung oder Selbstbetrug?

Auf jeden Fall beschäftigt sich der Masturbant mit sich selbst. Deswegen ist ein anderer, seltenerer Name für diese Praxis auch Ipsation oder Ipsismus. Diese Betätigung bildet insofern eine Ausnahme, als unser Verhältnis zum Körper für gewöhnlich ein anderes ist: Wir tun etwas mit ihm, bewegen uns, arbeiten, gehen oder laufen, spielen oder springen. Was wir unserem Körper selbst zuführen, dient der Vorbereitung auf transitive Verrichtungen in Form von Energiezufuhr, also Nahrungsaufnahme wie Essen und Trinken, Körperpflege und -training. Die Selbstbefriedigung dagegen funktioniert eine soziale Funktion zu einer reflexiven, auf uns selbst gerichteten um. Dabei ist unerheblich, ob die sexuelle Funktion mehr im Dienste biologischer Fortpflanzung oder partnerschaftlichen Liebesausdrucks gesehen wird. Für uns selbst haben wir sicher nicht in erster Linie unsere Geschlechtsorgane erhalten. Insofern stellt ihr onanistischer Gebrauch eine Besonderheit und – frei von aller Wertung – eine Beschränkung, Umbiegung und Umkehrung dar.

Körperliche Selbstgespräche, Einsamkeit und Verzweiflung

Die Selbstbefriedigung ist so etwas wie ein körperliches Selbstgespräch. Der Akt, der eigentlich die Grenzen des Ich überschreitet, der auch mit Erlebnissen der Ekstase – was über sich hinaustreten, aus sich heraustreten heißt – verbunden ist, zielt ins Leere oder dient der Befriedigung des Ich. Ob das Du gesucht, aber nicht gefunden wird, bleibt offen. Vorläufig oder auch ersatzweise, vielleicht sogar absichtlich wird das Ich gewählt, indem man seine Erlebnisfähigkeit reizt, Neugier, Spannung und Lustverlangen buchstäblich auf die Spitze treibt und meistens jäh befriedigt.

Der kurze Lustrausch – sozusagen die Karikatur und Verkürzung des sexuellen Aktes – wird zu einer Scheinbegegnung, bei der das Ich gleichzeitig den nicht vorhandenen Partner zu ersetzen hat. Der Vorgang vollzieht sich gleichsam mit mehreren Unbekannten: Ein Zielbild ist meistens vorhanden, aber es bleibt unbestimmt, welches. Einen Partner stellt man sich womöglich vor, er ist aber nicht vorhanden. Die Handlung vollzieht sich jedoch in gleichem Ausmaß und als ob er vorhanden wäre. Der Orgasmus, der ja angestrebt wird – wenn auch wohl mehr in Form der Entspannung –, findet statt. Erleichterung tritt ein, Beglückung bleibt aus, Erwiderung fehlt gänzlich. Es ereignet sich etwas Paradoxes: Der Masturbierende entäußert sich und bleibt doch bei sich selbst.

Ist schon der Vollzug ein einsamer und selten mit wirklichen Glücksgefühlen verbunden, so unterstreicht die Verfassung danach mit ihrer regelmäßig desillusionierten, nicht selten verzweifelten Grundstimmung den Einsamkeitscharakter noch mehr. Magnus Hirschfeld berichtet von einem zwölfjährigen Mädchen, das selbst darüber mitteilt: »Ich kann mich nicht mehr erinnern, ob ich dabei an etwas dachte, ich weiß nur, daß es um mich herum dunkel und ruhig wurde. Ich krümmte mich unter dem Leintuch zusammen. Als die Sache zu Ende war, weinte ich still in mich hinein. Ich hatte Angst und konnte nicht einschlafen. Ich betete, aber auch das nützte nichts. Ich fühlte mich immer unglücklicher und versprach mir selbst, es nie wieder zu tun, bis ich mich endlich beruhigt hatte und einschlief.« So oder ähnlich könnten fast alle schreiben, die in ihrer Einsamkeit die Selbstbefriedigung als Ersatz suchen. Dabei ist sicher auf die induzierten Schuldgefühle hinzuweisen. Aber auch der Akt selbst hat etwas Isolierendes und Desillusionierendes.

Isolation und Kontaktmangel

Im folgenden werden wir unterschiedliche Formen und Motive der Selbstbefriedigung kennenlernen, die hier nur anzudeuten sind: Man muß eine Entwicklungsonanie Jugendlicher von der Notonanie Erwachsener unterscheiden, eine gelegentliche von der suchtartigen, eine narzißtisch auf sich selbst bezogene von der meistens durch Phantasien oder Vorlagen ausgelösten Ersatzonanie, eine durch äußere Reizung, aber auch durch stark gewürzte Speisen und alkoholische Getränke hervorgerufene Selbstbefriedigung von einer durch Triebdruck und sexuellen Stau veranlaßte, eine – etwa bei Soldaten oder Gefangenen – isolationsbedingte und gleichzeitig gruppenstimulierte von einer einsam vollzogenen, eine perverse und krankhafte eines bindungsunfähigen Psychopathen von der sehnsüchtigen eines Behinderten. Ferner läßt sich noch unterscheiden, wie häufig sie praktiziert wird, auf welchem kulturellen und gesellschaftsethischen Hintergrund und schließlich mit welchem Ausmaß der Befriedigung.

Nochmals ist zu betonen, daß gerade die angestrebten Zustände, nämlich Glück und Befriedigung, mit großer Wahrscheinlichkeit nicht erreicht werden. Es findet zwar eine biologische Abreaktion statt, aber – wie in einer nicht von Liebe erfüllten Beziehung, in der der Geschlechtsverkehr bis zum Orgasmus vollzogen wird – ein erfüllendes Gefühl von glückhafter Lust oder lustvoller Beglückung bleibt aus. Glück, dieses kurze, alles beinhaltende, Vollkommenheit meinende Wort, berührt ja nicht nur eine Ebene, schon gar nicht nur die unserer physiologischen Reaktionen. Glück hat immer eine umfassende, ganzheitliche Perspektive: Gewöhnlich vereint es körperliche, seelische und geistige Dimensionen und hat sogar eine kosmische Offenheit, eine Eröffnung des Augenblicks dem Ewigen gegenüber, wie sie Nietzsche bereits der Lust zuspricht: »Alle Lust will Ewigkeit, will tiefe, tiefe Ewigkeit.«

Dies besagt doch wohl nichts anderes, als daß in dem tiefwurzelnden Streben des Menschen nach Glück gleichsam eine aufsteigende Linie, eine Tendenz von der schlichten Befriedigung physischer Bedürfnisse bis hin zur Erfüllung weitergehender Sehnsüchte enthalten ist. Das ältere Wort »Glückseligkeit« umfaßt beides: das irdische Glück und die himmlische Seligkeit, von der auch die Seligpreisungen der Bergpredigt Jesu handeln. Das eine bleibt ohne das andere unvollkommen.

In der Sexualität haben wir gleichfalls eine über uns und unsere isolierte Situation hinausreichende Daseinseröffnung, die Liebe, Glück, Erfüllung und Erwiderung schenkt. Von diesem Geschenk bleibt der Masturbierende

unberührt, bleibt bei sich allein, wird kläglich in die Isolation und das Bewußtwerden fehlender Kontakte zurückgeworfen. Seine leibliche Entspannung ist ohne die Spur menschlicher Begegnung. Genau das, was die Selbstbefriedigung ausfüllen sollte, läßt sie leer: die Suche nach dem Du, das uns Beglückung schenkt. So bleibt das, was verschenkt werden soll, im eigenen Besitz, auch wenn es gleichsam verlorengeht. Und das, was der andere schenken könnte, kommt nicht an, ist nicht vorhanden, wurde vergebens erhofft und wird weiterhin ersehnt.
Eine Gefahr zeigt sich wohl bei männlicher Ichbezogenheit: Sehr leicht wird hier das Ersatzbewußtsein übersteigert. Schwäche wird als Stärke ausgegeben, und an die Stelle wirklicher Liebesfähigkeit und tatsächlicher Potenz tritt der Protz.

Kraftmeierei und Gruppenaktivität

In Jugendgruppen, Internaten, Kadettenanstalten, Kasernen, Jugendstrafanstalten und Männergefängnissen kommt es aus dem Mißverhältnis von sexueller Isolation und homogener, kollektiver Zusammenpferchung, aus gesteigertem Triebdruck und mangelnder Möglichkeit sowohl zur Sublimierung als auch zu sexuellen Kraftakten, Wettbewerbsaktivitäten, Masturbation als Gruppensport. Hier mischt sich jugendliches Kraftprotzentum mit der Hoffnung, die Einsamkeit überwinden und in der Gruppe Zusammenhalt fühlen zu können und zugleich von den einsam auftretenden Schuldgefühlen entlastet zu sein. Dafür nehmen sie eine fast brutale Veräußerlichung und Entpersönlichung in Kauf – den Mißbrauch der Geschlechtsorgane zu Sportwerkzeugen unter Aufhebung der Scham, der Intimität und natürlich auch der Hinwendung zu einem weiblichen Partner.

Wenn es nicht gerade zu einem Gruppenexzeß kommt, der mit Hallo und Gejohle und meistens mit unterdrückter Peinlichkeit der zarter Empfindenden durchgeführt wird, so kann auch mutuelle Onanie, also gegenseitiges Anfassen und Masturbieren geübt werden. Auch dies wird aus den typischen Jungen- und Männerreservaten immer wieder berichtet. Hier soll nur erwähnt und gleichzeitig deutlich gemacht werden, zu welchen Verlegenheitsausbrüchen – denn mehr ist es nicht – der sexuelle Druck samt der männlichen Aggressivität in bestimmten Ausnahmesituationen fähig ist. Unvergleichlich schwerwiegender war das Beispiel der im Juli 1991 berichteten Überfallaktion von fast 300 kenianischen Internatsschülern auf den Mädchentrakt, wobei neunzehn Mädchen zu Tode gedrückt, viele mißhandelt und vergewaltigt wurden. Daraus ist – auch für den Skeptiker – ohne Zweifel abzuleiten, daß menschliche, vor allem männliche Sexualität der Zügelung und Beherrschung bedarf und daß das triebhafte Ausleben keineswegs der kulturellen Entspannung oder gar der Vermenschlichung dient.

Es gibt Jugendgruppen, die wohl mehr zufällig und spontan, wenn auch gelegentlich über einen gewissen Zeitabschnitt hinweg, zu sexuellen Treffen zusammenkommen. Hier steht der sexuelle Wettbewerb im Mittelpunkt mit ausufernden Gepflogenheiten. Das wechselseitige »Abmelken« der Jungen dient in schnöder und schnoddriger Weise der zur gegenseitigen und allgemeinen Gaudi herabgewürdigten Lust, aber ohne jeden tieferen Sinn oder sozialen Bezug.

Wenn man meint, diese Praxis bleibe ohne Folgen und sei harmlos, täuscht man sich insofern, als auch die achtlos und herabwürdigend vollzogene rein äußerliche Funktionspraxis sekundäre Wirkung hat. Zum einen wird hier der Akt als solcher funktionalisiert und meistens auch noch lieblos

und schnell vollzogen. Daraus ergibt sich eine Automatisierung der physiologischen Abläufe, die später für eine ausgedehnte, in Liebe eingebettete Sexualhandlung innerhalb der Ehe zu vorzeitiger Beendigung führen kann.
Darüber hinaus wird die Trennung von Sexualität und Liebe, von Seele und Körper eingeübt, die zu den bekannten Lieblosigkeiten und zur Gefühlsdürftigkeit führen kann, die zahlreichen Männern mit Recht vorgeworfen wird. Dann geht es nur noch um den Ablauf und seinen Erfolg, um die Funktion und ihren Vollzug, aber nicht mehr um Zuwendung, Zärtlichkeit und Zeitgenuß, der auch zur Liebe gehört. Kraftmeierei und Gruppenprotz sind also auf sexuellem Gebiet gänzlich unangebracht und richten und rächen sich selbst – ohne daß die Schäden allerdings dramatisierend und damit aufs neue angsterzeugend an die Wand gemalt werden sollten.
Bei Mädchen und Frauen übrigens finden sich so gut wie keine Fälle von Gruppenonanie oder auch wechselseitiger Betätigung, außer in lesbischen Beziehungen. Bei Jungen darf die mutuelle Onanie allerdings nicht gleich mit Homosexualität verwechselt werden. Zwar hat Reinhold Ruthe recht, wenn er feststellt: »Unterschätzt wird oft die Verführung durch andere.« Er führt dies wie folgt im einzelnen aus: »Häufig geschieht dies auf gemeinsamen Fahrten und Ausflügen, beim Balgen und Ringen zu zweit, wo Jungen wenig Scham voreinander empfinden, die Geschlechtsteile des anderen zu berühren und zu reizen. Darum ist auf Zeltfreizeiten besondere Vorsicht geboten. Die gegenseitige Verführung ist im Handumdrehen geschehen.«

Während nachweislich Mädchen und Frauen eher von inneren Empfindungen und Sehnsüchten, allenfalls von der ganzheitlichen Erscheinung des Mannes, auch von der Stimme oder von zärtlicher Zuwendung animiert und stimuliert werden, ist dies bei Jungen und Männern vor allem um die Zeit der Pubertät herum grundlegend anders. Bilder und Vorstellungen, Vorlagen und Reizattrappen spielen eine weitaus größere Rolle. Der weibliche Körper mit seinen Reizen ist für den Mann, aber auch schon für den Jungen vor und in der Pubertät von hohem Signalwert und starker Stimulation, auch zur Selbstbefriedigung. So berichtet ein dreißigjähriger Arbeiter: »Ich glaube, ich habe mit der Selbstbefriedigung im Alter von 11 bis 12 Jahren angefangen. Wenigstens habe ich es in diesem Alter zum erstenmal bewußt versucht ... Von sexuellen Vorstellungen war dabei zuerst keine Rede, aber später stellten sich auch diese ein. Ich begann, heimlich mit einem Freund in einer zweideutigen Zeitschrift zotige Geschichten zu lesen. Kurz danach fing ich an, mich mit der Hand zu befriedigen, und zwar nachts im Bett und tagsüber in der Toilette. Mein Drang war stärker als der Wille, und die alltäglichsten Vorgänge wirkten erregend auf mich. Bilder von halbnackten Frauen oder allein das Wort Mädchen genügten, um meine Begierde auszulösen. Bis heute habe ich mir das noch nicht abgewöhnt.«

Vereinzelt wirken derartige optische Reize schon sehr viel früher. So heißt es in dem Brief eines Studenten: »Ich war in Geschlechtsangelegenheiten ein frühreifes Kind. Alle Mittel wendete ich an, um die Geschlechtsorgane meiner Umgebung zu sehen. Eine Erinnerung aus meinem 5. Lebensjahr verfolgt mich bis auf den heutigen Tag. Ich sah bei einem Tanzfest eine in rot gekleidete, stark dekolletierte Dame, die auf mich einen unvergeßlichen Eindruck machte. Obwohl ich kaum 5 Jahre alt war, hatte ich den Wunsch, mit ihr nackt im Bett zu liegen. Jahre hindurch dachte ich an diese Dame, und diese Gedanken lösten bei mir stets eine Gliedversteifung aus. Zur echten Masturbation kam es aber erst in meinem 12. Lebensjahr, als ich dies bei anderen Kindern sah.« In dem gleichen Brief berichtet der Student dann weiter, daß er von seinem Vater ertappt und mit den furchtbaren Folgen der Selbstbefleckung geängstigt wurde. Daraufhin stellten sich Angstanfälle und Schlaflosigkeit bei ihm ein, das Gefühl, das Gehirn trockne aus. Ärzte empfahlen schließlich Brom, Kaltwasserkuren und Baldriantropfen, was natürlich alles nicht half. Schwere Melancholie mit Selbstmordgedanken waren die Folge, dazu jahrelange Kopfschmerzen und Hypochondrie – und das bei einem Schüler mit hervorragenden Zeugnissen, den vielleicht ein verständnisvolles Gespräch und eine ihn herausfordernde Zielsetzung aus der krankmachenden Welt seiner abwechselnd lust- und angstbetonten Phantasien herausgeführt hätten.

Beides ist kurzschlüssig: der automatisierte Vollzug von Bild, Phantasie, Lusterregung und Abreaktion ebenso wie die Angstbedrohung mit nachfolgendem Schuldgefühl, Leidensreaktionen und schließlich auf den eigenen Körper gerichtete Dauerphantasien. So kann es zu einer unheilvollen Verkettung kommen, in der sich schließlich die stark gefühlsbetonten Reaktionen einschleifen und die manuelle Betätigung nur noch die Ausführung automatisierter Reflexe darstellt, die unter einem inneren Zwang mit zunehmendem Suchtcharakter stehen. Für die Sucht ist charakteristisch, daß nie eine umfassende Befriedigung eintritt, sondern der Trieb zwar stimuliert, dann aber auf der Höhe des Halbhungers gehalten und allenfalls einer Halbbefriedigung zugeführt wird, die wiederum – nach einer gewissen Refraktärphase – zu einer scheinbaren Befriedigung ansetzt, aber erneut nur Teilbefriedigungen auslöst und so in dem automatisierten Wechselstromkreis zwischen Halbhunger und Halbbefriedigung pendelt und sich nie ganz erfüllt.

Spannungsbogen, Disziplin und künftige Partnerschaft

Sucht wird nur überwunden, indem man aus dem verhängnisvollen Circulus vitiosus ausbricht und aus dem eingeschliffenen Kreis dauernder Wiederholung einen Spannungsbogen werden läßt, der Wachstum ermöglicht und sich allmählich erweitert. Das heißt, daß wir in der Konfrontation mit unserem Trieb auch die Möglichkeit des Verzichtes und des Triebaufschubs einplanen und durch bewußtes Wollen und sinnvolles Verhalten fördern. Dies ist nicht zu verwechseln mit Unterdrückung der Triebenergie, mit Verdrängung und Leugnung. Derartige Verhaltensweisen würden – das hat die Psychoanalyse überzeugend verdeutlicht – nur neurotische Reaktionen und letzten Endes eine um so größere Triebabhängigkeit mit sich bringen.
Triebmeisterung oder Disziplinierung – wie wir wegen möglicher Mißverständnisse wahrscheinlich besser sagen sollten als Beherrschung – ist nur dadurch möglich, daß die Triebenergie zunächst akzeptiert und bejaht wird. Schließlich reicht die Sexualität eines Menschen bis in die höchsten Höhen seiner Geistigkeit. Sie macht unser Menschsein aus, denn es gibt nicht den Menschen an sich, sondern es gibt ihn nur als Mann und Frau. So gesehen ist die Sexualität und damit auch die Triebanlage des Menschen gottgewollt und in der Schöpfung vorgesehen.
Dies bedeutet aber nicht, daß wir uns von ihr beherrschen lassen. Der Mensch unterscheidet sich nach Goethe vom

Tier vielmehr dadurch, daß er nicht »durch seine Organe bestimmt« wird, sondern »daß er seine Organe bestimmt«. An uns ist es also, unsere sexuelle Energie allmählich in die Person zu integrieren und sie zum Treibstoff und zur Kraftquelle für seelische und geistige Aufbauenergien werden zu lassen. Das ist möglich, denn auf Sublimierung beruht letztlich unsere gesamte Kultur.
Verfeinerung, Kultivierung, Humanisierung und Disziplinierung – oder wie immer wir diesen Vorgang der Sublimierung nennen wollen – sind aber bei direkter Befriedigung und kurzschlüssiger Abreaktion unmöglich. Sublimierung setzt vielmehr einen Abstand, eine Grundspannung und eben den Spannungsbogen zwischen Triebimpuls und ausgehaltener, sich steigernder Spannung und schließlicher Umformung voraus. Mit dem Gelingen dieses Vorganges erfahren wir unsere Kraft zweifach: einmal in Form der Triebenergie, die uns gleichsam aus der inneren Tiefe zufließt und das Gefühl von Vitalität und Stärke vermittelt; zum andern durch die Führungsstärke und Willenskraft, mit der wir diese Energie steuern, leiten und ihrem eigentlichen Ziel entgegenführen. So wie der Reiter nicht nur über die eigene Muskelkraft gebietet – sie würde nie das Tempo und die hürdenüberwindende Feurigkeit des galoppierenden Pferdes erreichen –, sondern gleichzeitig auch über die Kraft des Tieres verfügt und damit seine Energien mehr als verdoppelt, so erfahren wir eine Steigerung unserer psychophysischen Kräfte, indem wir uns die physischen psychisch zu eigen machen und uns gleichsam auf sie schwingen und sie in Zügel, will heißen in Zucht nehmen. So steigert sich sogar unsere Triebkraft. Indem wir ihr gebieten, statt uns von ihr beherrschen zu lassen, erfahren wir darüber hinaus noch die Erweiterung unserer Ichkräfte und eine Vertiefung unseres Willens.
Auch das Ringen mit Anfechtungen, die uns zu überwälti-

gen suchen, stärkt unsere Kräfte. Selbst wenn wir von Zeit zu Zeit erliegen, wird das Ringen nicht sinnlos, sondern erlebt ständig neue Herausforderungen, und man lernt, diese zu meistern.

Daß dies gerade in jüngeren Jahren nicht durchweg gelingt, gehört zu den eruptiven Reifungsvorgängen und zu dem Auf und Ab der Pubertätsphase. Wir brauchen uns darüber nicht zu beunruhigen. Jedoch darf das Ringen nicht aufgegeben und die Flinte nicht ins Korn geworfen werden. Vor Augen steht das Ziel disziplinierter Reife und funktionsfähiger Sexualität in Ehe und Partnerschaft, das unbeirrt und unverdrossen angestrebt wird.

Grundsätzlich sei daher noch einmal wiederholt: Sexualität und triebbedingte Vorgänge gehören zur Schöpfung des Menschen und sind weder unnatürlich noch unnormal. Beim Mann beispielsweise bleibt die Hormonerzeugung bis ins hohe Alter erhalten, einschließlich entsprechender Reaktionen. Dieser Vorgang braucht nicht zu ängstigen, sondern darf einer gewissen Beruhigung dienen. Denn die sexuelle Fähigkeit des Mannes ist auch gleichzeitig ein Zeichen gesundheitlicher Art. Ein total kranker Körper wird diese Funktionen verlieren. Ähnliche Bezüge bestehen sicher auch im weiblichen Gefühlsbereich. Solange der Mensch also sexuelle Regungen spürt, dürfen diese auch bejaht und dankbar aus Gottes Hand angenommen werden.

Es wird dabei nicht übersehen, daß besonders in jüngeren Jahren eine Verbindung von Sexualität und Aggression entstehen kann oder immer wieder periodenhaft auftritt. Diese Verbindung kann subjektiv gesehen sogar lustvoll erlebt werden. Daß sich hier erhebliche Gefahrengrenzen auftun, ist ebenso einsichtig. Perverse Haltungen und Handlungen haben sich daraus entwickelt. Die fast überall vorhandenen Sex-Shops und gewisse Versandgeschäfte liefern dazu das nötige Material, das bis zu harter pornographischer Gewalt animieren kann und oft in gedruckter Form entsprechenden optischen Anreiz vermittelt. Trotz eines Gefühls des Abscheus kann ein untergründiges Verlangen nach derartigen Darstellungen immer wieder aufkommen oder geweckt werden. Die Phantasie wird dadurch schrankenlos angeheizt, zumal die Sex-Industrie die Möglichkeit zur Sichtbarmachung der Phantasien bietet.

Solche Bilder und Gedanken lassen einen Betroffenen kaum mehr los. Sind die Triebspannungen aber durch Selbstbefriedigung abgebaut, dann kann den Betroffenen umgehend danach ein unbeschreibliches Gefühl von Haß und Ekel überkommen, welches sich gegen die eigene Person und die Sexualität insgesamt richtet, so daß als Folge schnellstens auch eine manchmal umfangreiche Sammlung von Utensilien und Materialien vernichtet wird. Ein sechsundzwanzigjähriger Mann schreibt dazu: »Immer wieder war das sehr schmerzhaft. Ein Leben zwischen Gott und Teufel, Himmel und Hölle, das wirkt auf Dauer zerreißend. Es sind die äußerst denkbaren Extreme. Dabei alles im geheimen und verborgenen. Es ist meine größte Angst, entdeckt oder in Sex-Shops gesehen zu werden. Nach außen mache ich einen durchschnittlichen Zeitgenossen aus. Niemand ahnt, was mich Tag und Nacht bedrängt, was mich regelrecht blockiert und mit vielen Varianten umtreibt. Die absolute Vorrangigkeit muß bei mir völlig umgepolt werden.«

Äußere Einflüsse sind also in der Lage, den Sexualtrieb derart zu stimulieren, daß er eine Eigendynamik entwickelt. Diese Dynamik verursacht einen Zwang, unter dem sich der Mann in seinem sexuellen Verlangen als unkontrollierbar und nicht mehr zügelbar empfindet. Erst im Augenblick der Entladung löst sich diese Spannung und bewirkt gleichzeitig eine Abwendung vom »Objekt« mit einhergehender Abneigung. Was vorher lustvoll war, schlägt nun ins Gegenteil: Man kann sich insgesamt kaum noch akzeptieren und empfindet starke Schuldgefühle.

Menschliche Sexualität ist von ihrem Wesen her auf Partnerschaft ausgerichtet. Das hat die Schöpfung so gewollt. Geschlechtliches ist normalerweise im späteren Leben mit einem Menschen verbunden und hat dort seinen Platz. Verbraucht sich die Sexualität aber durch Selbstbefriedigung, dann bleiben Leere und Unfrieden zurück. Nach der körperlichen Manipulation empfindet der Betroffene zudem Scham über sich selbst. Das aber kann nicht gewollt und deshalb der Abbau der Spannung durch Selbstreizung nicht gemeint sein. Es bleibt daher nur das Aushalten dieser Spannungsphasen, dieser Minuten, die ja nicht ewig währen.

Die Disziplinierung während der sexuellen körperlichen Anspannung und der damit verbundenen Empfindungen ist zur Bewältigung der Situation unerläßlich. Die Kraft zum Durchhalten wird mit dem eigenen Willen verbunden sein. Oft erscheint Kraft in dieser Hinsicht schwach oder sogar unerwünscht. Dennoch ist sie unverzichtbar und sollte trainiert werden, das heißt, immer länger durchzuhaltende Phasen sind willensmäßig festzulegen und durchzustehen. Dabei sollte sich niemand übernehmen, sondern schrittweise diese Disziplinierungsmöglichkeiten umsetzen. Denn auf Dauer ist das »Durchhalten« von entscheidender Bedeutung. Nicht der Abbau der Spannung bringt die Lösung, sondern das Durchhaltevermögen. Gelingt es, dann fühlt man sich stärker und bleibt seelisch unbeschwert. Eine Erektion kann man also nicht vermeiden, aber man kann sie dankbar bejahen und als Vorgang des körperlichen Selbstverständnisses verstehen, ohne sie manuell abzubauen. In einer solchen Spannung reift der Mensch – so wie alles Reifen im Leben durch Spannungen hindurchgeht.

Einem Betroffenen darf daher Mut gemacht werden zu diesem Weg des »Aushaltens« oder des »Sublimierens«. Dieser Weg ist gangbar, erprobt und gelingt. Dabei spielen Alter und Geschlecht der Person keine Rolle. Eine Selbststimulierung müßte jedoch vermieden werden, da sonst der Druck wieder zu groß würde. Letztendlich liegen das Leben und das Personsein in Gottes Hand und seiner Führung. Das Vertrauen zu ihm – auch bei kleiner subjektiver Kraft – wird den Menschen durchtragen und leiten.

Dabei ist das Ringen trotz aller Niederlagen die Voraussetzung für eine gute Partnerschaft, weil man auf diesem Wege am besten lernt, daß Triebmeisterung schwierig, aber möglich ist. In der Ehe hat alles ein Ziel, das schließlich sowohl Erleichterung als auch Erfüllung bringen wird.

Aber auch die Ehelosigkeit hat ihren Auftrag und ihre Verantwortung für die Meisterung und Vermenschlichung von Lebensenergien. Alleinsein kann Erfüllung bringen und zu einem Geschenk im Dienst für andere werden und zu einer gläubig bejahten Lebensgrundlage. Diese braucht nicht von isolierter Sexualität geprägt zu sein, sondern vom anerkannten Dienst am Nächsten.

Auch bei Erwachsenen verbreitet?

Gewöhnlich wird das Problem der Selbststimulation und Selbstbefriedigung damit bagatellisiert und beiseite gelegt, daß man es für ein Pubertätsproblem hält, das sich mit dem Erwachsenwerden von selbst erledigt. Das ist nachweislich nicht der Fall. Wie man inzwischen weiß, befriedigen sich die meisten Erwachsenen über längere oder kürzere Zeiten in oder neben bestehenden Partnerschaften selbst und tun dies mit den unterschiedlichsten Häufigkeiten, Begleitumständen, Gefühlen und Bewertungen. Die einen entwickeln die Selbstbefriedigung zu einer sexuellen Aktivität, sozusagen eigenen Ranges neben anderen, und führen sie nicht selten – wenn auch mit Unterbrechungen – lebenslang fort. Andere greifen nur gelegentlich dazu, wenn sie besonders – etwa durch Alkohol, Gespräche, Abbildungen oder Pornographie – angeregt und aufgereizt werden. Wieder andere geraten in eine seltsame Abhängigkeit zu dieser »Befriedigungsform« und kämpfen immer wieder und lange Zeit damit.

Wer von anderen träumt und sich nicht traut . . .

Die Faszination und gleichzeitige Zwanghaftigkeit der Selbstbefriedigung scheinen besonders dann anzuwachsen, wenn ein ethisches Tabu aus einer bestimmten bürgerlichen Lebenshaltung dem entgegensteht. Man betrachtet die Betätigung als besondere Unart und versucht, sich dagegen zu wehren. Oft ist es, als bäume sich der Trieb gegen diese Art von Tabu und Verbot auf, so daß gerade besonders gewissenhafte und ethisch qualifizierte Menschen in die genannte Abhängigkeit geraten. Nicht selten haben Christen damit zu tun, meist dann, wenn sie bewußt den Glauben leben möchten.
Aus Briefen solcher Menschen einige Beispiele: »Immer häufiger verfiel ich in die Selbstbefriedigung, die ich eigentlich verabscheue. Es ist ja nur eine Ersatzbefriedigung, man reizt sich auf und merkt danach erst recht, wie einsam man doch ist.
Es wurde aber so schlimm, daß ich ein ›Weltmädchen‹ suchte, das ich liebgewann und mit dem ich nach zwei Tagen im Bett landete. Das quälende Gefühl der Sünde veranlaßte mich aber nach einiger Zeit, die Beziehung zu lösen. Mir selbst kamen dabei die Tränen, denn ich hatte dieses Mädchen sehr liebgewonnen. Aber um Christi willen konnte es so nicht weitergehen.
Somit verfiel ich wieder in die Selbstbefriedigung, was bis heute noch andauert. Auch pornographische Schriften besitze ich, die ich jeden Tag wegschmeißen will, es aber doch nicht schaffe. Es ist wie eine übermächtige Bindung an diese Schriften und an die Selbstbefriedigung. Täglich bete ich

zu Gott, er möge mich davon doch befreien, mir eine gläubige Frau schenken und auch die Geduld verleihen, dann bis zur Hochzeit zu warten. Ich bin mir sicher, daß er mir meine Sünden vergibt, aber ich komme einfach nicht los davon.«

Hier hat sich offenbar der Sexualdrang verselbständigt und ist in einen heillosen Strudel zwischen Liebessehnsucht, Schuldgefühlen und Triebgewalt geraten, ohne daß es bisher gelungen wäre, dieses Chaos zu strukturieren.

Etwas Ähnliches berichtet auch eine erwachsene Frau, die mit fast noch größerer Ernsthaftigkeit versucht, mit sich selbst und ihrem körperlichen Unbefriedigtsein zurechtzukommen: »Ich bin 36 Jahre alt, nicht verheiratet und auch nicht befreundet. Als ich Anfang 20 war, begann ich aus Neugierde, Selbstbefriedigung zu treiben, und seitdem bin ich davon nicht mehr losgekommen. Als ich damit anfing, war ich schon drei bis vier Jahre Christ. Bei den ersten Ansätzen zur Selbstbefriedigung war mir aber nicht deutlich bewußt, was ich machte. Unterbrochen von Phasen, in denen die Schuldgefühle geringer waren (z.B. durch Lesen von Schrifttum, das die Selbstbefriedigung entschuldigte), habe ich jedoch fast immer unter solchen gelitten bzw. sah mein Verhältnis zum Herrn gestört, wenn ich es machte.

Inzwischen habe ich viele ergebnislose Versuche unternommen, Sieg zu bekommen. Weder gedankliche Ansätze (ausgehend von Bibelstellen) noch der Verzicht auf Fernsehen, Filme oder sonstiges Material, was meine Gedanken und Handlungen in dieser Hinsicht stimulierte, hat letzten Endes geholfen. Es gibt immer wieder Situationen, wo ich der Versuchung nicht widerstehen kann. Manchmal praktizierte ich die Selbstbefriedigung aus Frust oder Einsamkeit. Sieg in diesen Versuchungssituationen sehe ich noch als möglich an. Aber am schlimmsten empfinde ich die Zeit nach der Regel, während des Eisprungs und dann noch ein-

mal kurz vor dem Einsetzen der Regel. Gerade nach der Periode erlebe ich meinen Körper als so angespannt bzw. reizbar, daß ich meine, die Selbstbefriedigung als Entlastung zu brauchen. Eine gewisse Zeit kann ich auch widerstehen, aber dann kommt es meistens zum Einbruch. Es ist mir auch schon passiert, daß ich abends der Versuchung widerstanden habe und nachts plötzlich mit so großer Lust nach Befriedigung aufwachte, daß ich es einfach tat. In dieser Zeit war fast kein Wille zum Widerstand vorhanden.
Und ausgehend von dieser Situation auch meine Frage: Besteht für mich noch die Möglichkeit, in einer solchen Situation Sieg zu bekommen, oder soll ich um einen Partner beten, daß ich durch die Befriedigung in der Partnerschaft von dem Problem befreit werde? Ich weiß nur, daß ich mich in diesem Bereich nicht länger belasten, daß ich ganz für Gott brauchbar sein möchte.«
Norman Haire schreibt in seinem Buch »Geschlecht und Liebe heute«: »Wenn man ... die Zahl der 35jährigen ledigen und verheirateten Frauen und Männer betrachtet, so ergibt sich, daß in diesem Alter erheblich mehr als ein Drittel der Gesamtbevölkerung noch immer masturbiert. Das ist um so erstaunlicher, als sich in diesem Alter sowohl dem Mann als auch der Frau Gelegenheit zum Geschlechtsverkehr bietet. Selbst mit 50 Jahren masturbiert noch nahezu ein Viertel der Gesamtbevölkerung.«

Für Singles selbstverständlich?

Verbreitet muß noch nicht selbstverständlich sein, so wie durchschnittlich nicht dasselbe ist wie normal. Im einen Fall handelt es sich um eine statistische Größe, um eine Mengenangabe im Verhältnis zur Gesamtheit der Bevölkerung. Im anderen Fall – wenn wir die Begriffe »selbstverständlich« oder »normal« gebrauchen – handelt es sich um Wertungen. Beides ist nicht ganz unabhängig voneinander, geht aber nicht ineinander auf und deckt sich nicht. Selbst wenn über 90 Prozent der Menschen Karies, also Zahnfäule aufweisen, wird man dennoch von der Norm des gesunden Zahnes ausgehen, also diesen Schaden als etwas Krankhaftes bezeichnen müssen. Auch wenn ein Drittel oder die Hälfte aller Erwachsenen – bei Alleinlebenden sicher mehr als bei Verheirateten – mehr oder weniger regelmäßig Selbstbefriedigung übt, wird man dennoch die Frage stellen dürfen, ob dies ganz selbstverständlich und normal ist.

Hier muß man sich vor einer Dramatisierung ebenso hüten wie vor einer Bagatellisierung. Aber wenn sensible Erwachsene masturbieren und gleichzeitig selbstkritisch dazu Stellung nehmen, so spiegelt dies die Konfliktlage. Davon zeugt der folgende Auszug aus dem Brief einer hochintelligenten Dreißigerin: »Nach den Teenagerjahren hatte ich jahrelang nichts mehr damit zu tun . . . Wie kann ich als ledige Frau mit solchen Spannungen umgehen? Was halten Sie von folgender Lösung: Sollte ich eine Entscheidung treffen, keine Selbstbefriedigung mehr zu praktizieren, weil es Mißbrauch der Sexualität ist, der mich in eine Abhängigkeit führen kann? Wahrscheinlich wird ja durch das Praktizieren das Verlangen immer mehr geschürt. Darf ich mir sagen: Du bist ledig und kannst die Sexualität eben jetzt nicht ausleben. Es wäre auch nicht die letzte Erfüllung des Mangels in mir. Wie aber kann ich diesen Mangel stillen? . . . Gestern abend kam es auf einmal: Jetzt will ich mich noch einmal ohne Angst befriedigen, weil es ja keine Sünde ist, und da kann ich das ohne Angst machen. Aber es beschäftigt mich heute sehr, ob das nicht doch Sünde ist, auch wenn ich das noch nicht über längere Zeit praktiziert habe. Wenn ich das vor jemandem zugeben müßte, würde ich mir ziemlich schäbig vorkommen. Ich komme mir auch minderwertig vor deswegen.

Bis gestern abend dachte ich, es tut gut, so frei über diese Dinge und Gefühle zu schreiben, ohne alles schmutzig zu sehen. Aber daß ich das gestern wieder tat und ich jetzt so unsicher bin, drückt mich. Ich wollte mir vorher gar keine Gedanken machen, und nur die Lustbefriedigung war Ziel.«

Hier merkt man das Ringen zwischen dem Bemühen, die Entladung der Triebe und Gefühle einfach als selbstverständlich zu nehmen und zu praktizieren und gleichzeitig die Aufgabe zu sehen, die Sexualität zu beherrschen und zu meistern. Verkannt wird hier, daß der menschlichen Sexualität sozusagen als geschöpfliche Mitgabe der Bezug auf die Partnerschaft innewohnt, auch wenn diese nicht zu jeder Zeit erfüllt werden kann. Die vielfältigen Phantasien von gedachten oder erträumten Partnern weisen ebenfalls auf dieses in ihr enthaltene Leitbild hin, selbst wenn die Praxis weit hinter ihm zurückbleibt – wie im folgenden Fall: »Mein Problem ist, daß ich nicht davon loskomme, mich selbst zu befriedigen und auch immer wieder den Drang habe, nackte Frauen in Zeitschriften anzusehen. Ich habe immer mehr das Gefühl, daß ich unfähig werde bzw. bin, einen Menschen zu lieben. Seit längerer Zeit kämpfe ich schon dagegen an und habe auch schon einige Erfolge erzielt, aber irgendwann überwältigt mich dann wieder alles und ich verfalle diesem Drang ... Noch schlimmer als das Selbstbefriedigen ist, daß ich in Gedanken eine Idealfrau vor mir habe. Meine Gedanken und meine Phantasie verführen mich. Meine Freundin und ich sind noch zusammen, und wir denken auch an Heirat. Ich liebe sie, aber oft, wenn wir zusammen sind, habe ich diese Bilder von Frauen vor mir. Wenn ich irgendwo hübsche Mädchen sehe, habe ich Gedanken an Sex. Ich bin in Gedanken meiner Freundin untreu und auch in Werken, wenn ich mich selbst befriedige. Ich

wünsche mir sehr, Herr über meine Sexualität zu sein.« – Hier gerät die durch Selbstbefriedigung zurückgedrängte Du-Bezogenheit so in den Hintergrund, beziehungsweise automatisiert sich der reine Trieb durch phantasierte Reizauslöser derart, daß die reale Partnerbeziehung ins Abseits gerät. Eine solchermaßen verkrampfte Selbstspaltung der Sexualität kann nicht die Lösung sein. Dem jungen Mann und sicher auch dem jungen Paar wäre wahrscheinlich mehr geholfen, wenn man in einer umfassenden Partnerberatung eine baldige Ehe empfehlen würde.
Insgesamt zeigt sich, wie schwer es ist, in dem Streit von Statistik und Normalität, von ethischem Wollen und sexueller Wirklichkeit einen verantwortlichen und seelsorgerlichen Weg zu finden.

Enthaltsamkeit und Versuchung

Es gibt eine frei gewählte Enthaltsamkeit, die von vielen Menschen auch ohne besondere Konflikte durchgehalten wird und in ihrer Art eine Lebensbereicherung darstellt wie für andere die eheliche Partnerschaft. Es ist die Führung des Lebens, die Gott vertraut und gegenwärtig die richtige, verträgliche oder annehmbare ist.
Dabei kann es auch durchaus zu größeren Konflikten kommen bei Menschen, die sich unter Umständen lebenslang der Enthaltsamkeit oder gar dem Zölibat verschrieben haben. Das wird meist im Glauben geschehen sein und vielleicht auch dann und wann im Glauben erneuert werden. Aber zwischen glaubendem Vertrauen und Sexualität scheint es gelegentlich ein Spannungsverhältnis zu geben. In religiösen Fruchtbarkeitskulten wurde die Sexualität verherrlicht, während sie von einer engherzigen Gesetzlichkeit als abträgliche Triebkraft verdammt werden konn-

te. Desto intensiver sollte man biblische Leitlinien studieren, um geschöpfliche und geistliche Zusammenhänge zu entdecken und zu verwirklichen und sein Lebensverhalten nach verantwortbaren Maßstäben einzurichten. Sexualität gehört zum Menschen und zum Leben. Aber ebenso kann der Mensch leben, ohne unbedingt Sexualität zu praktizieren. Wenn die Lebensführung ohne Partnerschaft verläuft, dann ist praktizierte Enthaltsamkeit ohne körperliche und seelische Schäden möglich und manchmal auch wünschenswert.
Es ist nicht so, wie viele moderne Psychologen es dem Heranwachsenden oder Alleinstehenden zusprechen wollen, daß Selbstbefriedigung zu einem »persönlichen Recht« gehöre, das für eine phasengerechte Lebensweise notwendig sei. Es ist auch keine praktische Einübung in Sexualität notwendig, um als normaler Mensch leben zu können. Eine natürliche Entwicklung und eine individuell vernünftige Lebenshaltung werden durch einen Verzicht auf Sexualität nicht gestört oder gar verkrampft. Darum kann man auch nicht gewissen Ratschlägen folgen, die jungen Menschen, besonders jungen Mädchen, die Masturbation ausdrücklich zum Zweck der Selbsterfahrung empfehlen. Selbsterkenntnis erlangt man dadurch nicht, und als Vorbedingung für eine später zu entwickelnde sexuelle Erlebnisfähigkeit, die den Orgasmus einschließt, ist sie nicht wünschenswert.
Geradezu als verantwortungslos muß man es bezeichnen, wenn Sexualpädagogen meinen, Eltern raten zu sollen, die Genitalien ihrer Kinder zu reizen, damit eine körperliche Erlebnisfähigkeit und entsprechende Lustgefühle entstehen. Auf diese Weise könnte eine Sexualsucht herbeimanipuliert werden, unter der nicht nur Kinder im entsprechenden Alter zu leiden haben, sondern wodurch später im Erwachsenenalter unendliche Not und kaum zu behebende Schwierigkeiten aufbrechen oder verbleiben würden. El-

tern könnten Gefahr laufen, eine physisch-psychische Fixierung sexueller Ichbezogenheit zu erreichen, anstatt die spätere Partnerschaft – Du-Bezogenheit – zu erleichtern. Vielmehr ist die allmähliche Strukturierung und Disziplinierung des sexuellen Triebes, seine Hinlenkung auf das Ziel der erfüllten Ehe wichtig. Hierauf kommt es entscheidend an und nicht darauf, ob die Selbstbefriedigung als Makel oder Sünde oder als notwendige oder gar psychohygienische Maßnahme angesehen werden kann. Der eigentliche Sinn und das Endziel der Sexualität liegen in der liebenden Partnerschaft und letztlich in einer dauerhaften Ehe. Gewinnt Sexualität dagegen suchtartige Bedeutung, wird sie zum Selbstzweck und der Betroffene durch Verführung oder immer neue Selbststimulation von ihr abhängig. Dann verfehlt sie ihre schöpfungsgemäße Bestimmung.
Die Notwendigkeit von Enthaltsamkeit, Zurückhaltung und zuchtvoller Askese kann man an anderen Beispielen verdeutlichen: Ein Kind, das jeden Wunsch – etwa nach Süßigkeiten oder Geld – erfüllt bekommt, wird sich nie zügeln oder verzichten können und es wohl auch später schwer haben, sich gesund zu ernähren. Insofern hat Gerhard Hoareau recht, wenn er in dem Buch »Der sexte Sinn« schreibt: »Selbstbefriedigung verstärkt die Selbstsucht ... Sie fördert die Flucht in die Welt der Illusionen. Man entzieht sich den Pflichten des Alltags ... Danach aber empfindet man die Einsamkeit mit noch größerer Macht, und die Langeweile scheint zu erdrücken. Selbstbefriedigung weist auf die Unfähigkeit hin, sich dem Leben zu stellen.«
Es handelt sich also um die Auseinandersetzung mit dem eigenen Trieb, seinem Reifewachstum, seiner disziplinvollen Meisterung mit dem Ziel zu verhindern, daß er unkontrolliert wuchert, sich selbst verabsolutiert und damit der Weg zu einem Sexualkult führt.
Der Widerstreit der Gefühle wird aus einem bewegenden

Brief eines jungen Mannes deutlich, der mit der Bewältigung der Selbstbefriedigung kämpfte, ihr aber immer wieder und vor allem immer tiefer unterlag. Er schreibt: »In meinem Leben gab es eine Komplikation, und ich war nicht fähig, sie recht anzufassen. Statt alles im Gebet vor den Herrn zu tragen, fiel ich ins Onanieren und verlor den Kopf vor Frust. Onanierte noch mal und noch mal. Bestimmt 10- bis 12mal hintereinander bekam ich den Höhepunkt. Danach tat mir alles weh. Ich fühlte mich wie eine lebendige Leiche. Das ist nun ca. 10 Tage her. Seitdem bekam ich kein steifes Glied mehr.«

Nun, das muß nicht endgültig sein, offenbart aber doch die tiefe Verstrickung in diesem Kampf und die Fatalität des Unterliegens. Oft kann dies Widerspiel von Kult und Kampf allerdings auch perverse Formen und Praktiken annehmen.

Praktiken und Perversionen

Schlägt man die Presse auf – bis hin zum entlegensten Lokalblatt –, wird dem von Sexualnot geplagten (vor allem dem männlichen) Zeitgenossen ein abwechslungsreiches Programm geboten. Hier ist nicht nur von Kontaktanzeigen, »Hostessen« und »intimen Massagen« die Rede, sondern zunehmend auch von kommerzieller Stimulation zur Selbstbefriedigung – sowohl mit der entsprechenden Technik als auch verbal per Telefon.

Vor allem der sogenannte Telefonsex hat in den letzten Jahren einen erheblichen Aufschwung erlebt. In der schamlosesten Weise bieten sich – für sie selbst risikolos, weil Vorauszahlung zur Vorbedingung gemacht wird und alles in jedem Falle geschäftlich erfolgreich verläuft – die »Telefon-Ladies« für den »supergeilen Telefonsex« von »zart bis dominant und vieles mehr« an. Dieser neue Erwerbszweig spekuliert auf sexuell erregte Männer, die dann am Telefon eine scheinbar ebenso erregte Frauenstimme vorfinden, die sie – »phantasievoll und diskret, bizarr oder soft« – von morgens bis in die Nacht mit animierenden Vokabeln aufreizt und zur Entladung bringt. Damit ist das Geschäft meist gefühllos und ohne Risiko erledigt. Dem männlichen Gesprächspartner wird die direkte Begegnung erspart, seine Phantasie füllt die Lücke.

Dafür gibt es im privatesten Bereich andere, phantasievollere Raffinessen und Techniken der Selbstbefriedigung. Daß auch hiervon sogar gläubige Menschen nicht ausgenommen sind, davon zeigt der folgende Briefauszug eines erwachsenen und verheirateten Mannes: »Zu meinen verborgenen Sexualpraktiken gehört hauptsächlich die Selbstbefriedigung. Dies ist z.T. meiner Frau bekannt. Ich bekomme dabei oft ein schlechtes Gewissen, da ich die Zeit dafür auch besser zum Gebet verwenden könnte. Andere Praktiken sind das Strangulieren (Abbinden) des Geschlechtsteiles, um es geiler zu machen, das Abrasieren der Schamhaare, das Stechen mit Nadeln in verschiedene Geschlechtsteile, zum Teil auch das Durchziehen von dünnen Nylonfäden. Einmal hatte ich mir ein paar Pornohefte gekauft bzw. bei Arbeitskollegen angeschaut. Meist kam dabei in mir ein Ekel darüber auf.«

Immer wieder versuchen Betroffene, die Praktik der Selbstbefriedigung noch zu steigern. Dann muß man allerdings schon längst fragen, ob nicht seelische Störungen vorliegen oder andere starke Bindungen. Hier ein Beispiel eines Mannes mit möglicher Mutterabhängigkeit. Das spielt in seinem Verhalten offensichtlich eine Rolle: »Da ich nun zum ersten Mal mit meiner Mutter darüber reden konnte, nachdem sie in meiner Wohnung diese ganze Pornographie fand und zur Selbstbefriedigung eine Puppe aus

Plastik, welche ich als meine beste Freundin empfand, da ich zum anderen Geschlecht einfach keinen Kontakt bekommen kann. Auch hatte ich Angst, daß ich heiraten und Kinder bekommen könnte, die dann in dem gleichen Elend leben müßten, wie wir es mußten.
So bin ich halt all die Jahre hin und her gerissen, bin einfach nicht mit meinen Trieben zurechtgekommen und dadurch praktisch wahnsinnig geworden. Auch drückt mich die Schuld, da ich mich immer mit Gegenständen oder durch Dirnen befriedigen muß. Deshalb verachte ich diese Sexualität, hätte mir am liebsten die Hoden schon selber abgeschnitten, damit ich frei ware von diesem Trieb. Deshalb hatte ich auch die Psychopharmaka eingenommen, da ich der Meinung war, dieser unkontrollierte Trieb würde dadurch unwirksam. Was aber nicht der Fall war, sondern mir wurde nur die Körperkraft genommen, so daß ich immer schwächer wurde. In der Klinik hing ein Aushang über die Medikamente, wo unter anderem angegeben wird, daß diese Kontaktstörungen beseitigen, aber trotz der Tabletten bin ich nicht von der Puppe losgekommen. Auch meine Mutter konnte nicht helfen, obwohl ich sie liebe.«
Immerhin taucht hier das Wort »Kontaktstörungen« auf, wenn auch nur gleichsam als Zitat von einem Aushang und nicht als Selbstdiagnose. Aber hierum handelt es sich in fast all diesen Fällen. Offenbar gibt es eine große Zahl kontaktgestörter, isolierter, vereinsamter, gehemmter und scheuer Menschen, die im Gefängnis ihrer bohrenden, triebhaften Gelüste keinen anderen Ausweg wissen als diesen. Ihre Zahl muß so groß sein, daß sich das Geschäft mit ihnen lohnt. Selbst in einem millionenfach verbreiteten Prospekt eines weltweit bekannten einschlägigen Versandhauses finden sich Geräte – etwa mit der vielsagenden Bezeichnung »Liebes-Schlund« –, die – ebenso wie der bekanntere Vibrator – ausdrücklich als Instrumente der Selbstbefriedi-

gung empfohlen und zu beachtlichen Preisen angeboten werden.

Es liegt uns fern, die Einsamkeit und Kontaktschwäche von Menschen schadenfroh zu ironisieren oder gar zu verdammen. Im Grunde ist es ein tief bedauerliches, ja erschütterndes Schicksal, mit dem eine inzwischen blühende Industrie ihr Geschäft machen kann und sich auch nicht scheut, es zu tun. Inwieweit die guten Sitten verletzt werden und der Gesetzgeber gerufen wäre, ist hier nicht zu entscheiden, aber auch nicht von vornherein von der Hand zu weisen. Aber selbst wenn es derartige Angebote nicht mehr gäbe, wäre die Phantasie der Einsamen intensiv genug, sich dennoch Geräte und Techniken perversester Art zurechtzubauen – von Flaschen, Vasen, Muscheln, Schläuchen und sogar Staubsaugern war schon zu lesen –, damit der Partnerersatz in der Form von Selbststimulation so seinen Ausdruck fände und doch den Betroffenen mit Sicherheit einsam, im Grunde unbefriedigt und partnerlos zurückließe. Dieses mißliche Thema zu berühren war unvermeidlich – länger ist dabei nicht zu verweilen.

Abreaktion oder Autismus?

Immer wieder muß man sich vor der Gefahr hüten, die Selbstbefriedigung zu dämonisieren und zu dramatisieren. Die zuvor geschilderten Beispiele könnten dazu verleiten. Entscheidend ist aber die seelische Situation des Menschen, der zu dieser Praxis greift. Hier ist grundsätzlich zu unterscheiden, ob es sich jeweils um eine Notmaßnahme handelt, etwa bei längerer Trennung der Partner, bei Krankheit oder anderen Störungen normaler Sexualität, bei unterschiedlichen sexuellen Frequenzen oder anderen ungewöhnlichen Reizsituationen. In einem solchen Zusammenhang wird die Selbstbefriedigung als Ventilpraxis keine dramatisierende Betrachtung verdienen.

In den Fällen aber, in denen sie von einer tiefen Vereinsamung und einer seelischen Verengung zeugt, ist psychotherapeutische Behandlung angezeigt. Natürlich kann auch eine Selbsttherapie greifen, wenn sie von einem stärkeren Stimulus aus angeregt und überwunden wird. So etwas kann die Begegnung mit einem Partner sein. Im Stadium der Verliebtheit und der Liebe ist die Selbstbefriedigung meist kein Thema mehr. Junge Menschen bezeugen oft und oft, daß sie automatisch aufhören, sich selbst zu reizen und zu masturbieren, wenn sie sich in einen anderen Menschen ernsthaft verliebt haben oder auch nur für ihn interessieren. Oder es könnte die Vorstellung von einer künftigen Partnerschaft sein, auf die hin man alle seine Energien ausrichtet.

Schließlich und vor allen Dingen dürfen aber auch die geistige Ausrichtung und die geistliche Erfüllung das bewirken. Wer sein Leben einer größeren Sache, wer es Gott anheim gibt und ganz dafür lebt, wird vielleicht auch Rückfälle erleiden, aber doch im ganzen gefeit sein gegen die sklavische, suchtartige Abhängigkeit vom Laster einer zwanghaft vollzogenen Masturbation. Mag der Ausdruck Laster dem einen oder anderen zu hart erscheinen – er soll in diesem Falle keinen moralischen Makel ausdrücken, sondern – wie andere Abhängigkeiten: etwa Nikotin, Drogen oder Alkohol – nur die Bedrückung und Verzweiflung schildern, die der einzelne ja auch erlebt und meistens offen bekennt. Aus dieser wie aus anderen Verfallenheiten hilft eben doch der Glaube an eine höhere Bindung und an ein tieferes Glück, das uns verheißen ist und geschenkt wird, wenn wir unser Leben daran geben.

Die Möglichkeit des Gebetes wird im Blick auf die Not der Selbstbefriedigung in Briefen und Gesprächen oftmals angesprochen. Selbstverständlich ist eine positive Gebetshaltung zu begrüßen, die Kraft vermittelt und aus dem Gespräch mit Gott Trost und Mut schöpft. Dennoch sollte man auf dem vorliegenden Gebiet das Gebet nicht in besonderer Weise hervorheben, betonen und empfehlen. Wir wissen von jungen Menschen, die durch intensives Beten meinten, ihre Geschlechtlichkeit, die Funktion ihrer Organe und die gesamte sexuelle Struktur wegbeten zu können und zu sollen. Die innere Not trieb sie zu diesem Schritt. Aber nach dem bisher Gesagten dürfte deutlich geworden sein, daß es zwecklos wäre, gegen die Geschöpflichkeit und die Natur anzubeten, die uns ja von Gott gegeben sind. Man würde in dem Fall gegen Gott anbeten und seine guten Gaben und Absichten. Aber Gott wollte den Menschen so, er schuf Mann und Frau mit ihren Funktionen und der Art ihrer Sexualität. Das Geschöpfliche wird man also selbst mit einem Ansturm des Gebetes nicht beseitigen können. Im Gegenteil: Wenn Selbstbefriedigung zum Problem und zur Not wurde, wenn die Ichbezogenheit stark ist und die Stimulationsfähigkeit naheliegt, dann dient das Gebet eventuell noch zur Anregung. Es vertieft dadurch die Gefühlslage und dreht alles unter Umständen im Kreis herum. Das Ich und die eigene Not rücken in den Mittelpunkt des Geschehens und werden dadurch nur noch drängender. Die Schwäche auf diesem Gebiet sollte also nach Möglichkeit nicht umbetet werden, um nicht einen zusätzlichen Reizauslöser zu schaffen.

Man möge dies Problem in aller Gelassenheit und Ruhe in die Hände Gottes legen. Er wird dafür sorgen und uns entlasten und entbürden. Das ist der bessere und gangbarere Weg, um Frieden zu finden. Vielleicht führt Gott dann sozusagen in aller Stille aus der Ichverfallenheit heraus und befreit gleichzeitig vom Du-Verlust, indem er eine

Partnerbeziehung zu einem geliebten Menschen öffnet. Denn auch dazu ist innere Gelassenheit notwendig und ein Zur-Ruhe-Kommen der aufgewühlten Triebwelt in uns.

Vom Ich-Bezug zur Du-Bindung

Das behandelte Thema »Verschwiegene Gefühle« könnte man auch nennen »Die einsame Liebe zu sich selbst«. Aber im Laufe der Überlegungen und der Ergebnisse aus Geschichte und Gegenwart wird deutlich, daß man von Liebe in diesem Zusammenhang kaum reden kann. Die narzißtische Liebe ist nämlich nur ein Aspekt des Selbstbezuges, und zwar ein sehr schmaler, für den die Selbstbefriedigung der manifeste Ausdruck ist. Es ist zwar von den gleichen hormonal gespeisten sexuellen Energien die Rede wie auf anderen Feldern der Sexualität, aber zur personalen Ausreifung in Form der Liebe kommt es in diesem Fall nicht. Selbstbefriedigung bleibt in einem Vor-Liebe-Stadium stecken, bleibt bei sich selbst. Deswegen läßt sich wohl nur vom Ich-Bezug reden, dessen Gegenüber und unerreichte Zielerwartung eben die Du-Beziehung darstellt.

Die ständige Abhängigkeit von der Selbstbefriedigung ist zweifellos als eine unterentwickelte Haltung, als ein Unreifestadium der Sexualität zu betrachten. Nun könnte man einwenden, daß Selbstbefriedigung ja eine gewisse Sexualreife voraussetzt und von daher nicht infantil sein könne. Das ist jedoch unrichtig. Es gibt zahlreiche Zeugnisse für heftige, ja hektische und »suchtartige« Selbstbefriedigungspraktiken schon bei kleinen Kindern. Die vielen Briefe von ratsuchenden Eltern machen das deutlich. Oft sind es Kinder von zwei, drei oder fünf Jahren, und zwar beiderlei Geschlechts. Hier beobachtet man häufiges Spielen mit den Genitalien, Auf-dem-Bauch-Rutschen oder sieht, daß die Hände zwischen den Oberschenkeln bewegt und die Organe gerieben werden. Manchmal treten diese Erscheinungen sporadisch auf, nicht selten aber auch in einer gewissen Kontinuität. Kommt alles häufiger vor, dann ist die Unruhe der Eltern verständlich. Kinder tun das ja auch bei passenden und unpassenden Gelegenheiten, im Bett oder im Wohnzimmer, allein oder wenn Besuch da ist. Manchmal glüht das Gesichtchen, und man spürt die Gefühlsreaktion.

Eltern tun gut daran, zunächst nicht bewußt einzuschreiten und nach außen alles weniger zu beachten. Der Hinweis ist noch richtig, daß dergleichen vorbeigeht. Wir haben dieses Problem in einem vorhergehenden Kapitel behandelt und eine gewisse Unbefangenheit empfohlen. Natürlich bekommen Eltern Bedenken, wenn ein Kind total gefangen scheint und sich alles nur noch um solch ein Gefühl dreht. Sie genieren sich auch, wenn Besucher dieses Verhalten bemerken und belehrende Mienen aufsetzen. Durch falsches Eingreifen kann aber zu leicht auch ein gestörtes Verhältnis zur Sexualität entstehen. Deshalb muß die Reaktion mäßig

und bedacht bleiben. Meist sind solche Kinder extrem intelligent und sensibel, manchmal etwas aufgeregt und nervös. Eine Tendenz zur Verwöhnung mag hier und da auch eine Rolle spielen. Bekanntlich ist eine hemmungslose Lustsuche bei verwöhnten Kindern besonders ausgeprägt. Insofern ist es sicher nicht falsch, hier einen Zusammenhang zwischen permanenter Selbstreizung und infantil-unbeherrschter und unkritischer Lustsuche im Sinne der Regression zu sehen. Auch bei der Sucht werden ähnliche Querverbindungen beobachtet.
In all diesen Fällen kommt es darauf an, die »Selbstumkreisungen« aufzusprengen, zu durchbrechen im Sinne einer offenen, zu Partnerschaft und Kontakt bereiten Kommunikation.

Selbstbefriedigung als Krisenflucht

Gelegentlich kommt Selbstbefriedigung auch in gestörten Partnerschaften vor. Wenn zwischen beiden Partnern »nichts mehr geht«, wenn insbesondere sexuelle Kontakte nicht mehr stattfinden, befriedigen sich die Partner – und hier wahrscheinlich meistens der Mann – häufig selbst. Allerdings berichten viele Frauen auch, daß sie ihre Männer bei oder nach solchem Tun ertappen, obwohl nach ihrer Meinung die sexuelle Beziehung in der Ehe nicht gestört ist und die Intimbegegnung praktiziert wird. Oft stellen sich Männer neben ihren »ehelichen Pflichten« noch andere Traumpartner oder Traumpraktiken vor, mit denen sie ihr Lustverlangen variieren, steigern oder auch pervertieren. Frauen haben dafür in der Regel wenig Verständnis, vor allem dann nicht, wenn diese Praktiken mit pornographischer oder technischer Unterstützung erfolgen. Sie fühlen sich dann abgewertet, in den Schmutz gezogen, nicht gebraucht oder auf dem Hintergrund dieser Maßnahmen mißbraucht. Im Grunde muß man ihnen hierbei recht geben. Es ist nicht einzusehen, weshalb ein Partner in einer guten Ehe zu derartigen Ergänzungen greifen muß. Offenbar ist er doch nicht »ganz dabei« und baut sich neben der tatsächlichen Welt von Liebe, Ehe und Partnerschaft noch eine gleichsam »gewagte« abenteuerliche Traumwelt auf und »betrügt« sozusagen auf diese Weise die Ehepartnerin, der er ja gleichzeitig auch sexuelle Energien und seelische Kräfte entzieht.

Es soll nicht ganz von der Hand gewiesen werden, daß in akuten ehelichen Spannungen die »Not-Onanie« auch zu einer gewissen Entschärfung beitragen kann. Häufig ist nämlich der sexuelle Druck noch spannungssteigernd und kann nachweislich zu Gewalttaten führen. Vergewaltigungen in der Ehe sind zwar letztlich nicht nachprüfbar und als Straftatbestand fragwürdig, aber dennoch immer eine höchst verwerfliche Erscheinung. Sie ergeben sich aus den nicht geklärten Konfliktsituationen bei gleichzeitig wachsendem sexuellen Druck. Ihn verspürt vor allem der Mann, der auch körperlich Kräftigere, der dann diese Kraft an der Frau ausläßt oder Zwang und Gewalt in anderer Form ausübt, was sicher oft verhindert würde, wenn er sich dieses Notventils bediente. Insofern muß man – ganz nüchtern und realistisch – auch der Selbstbefriedigung als Krisentechnik eine gewisse Funktion einräumen. Zumindest ist sie als das kleinere Übel anzusehen. Immer aber bleibt die Situation auf die Partnerschaft bezogen. Hier ist die »Hilfstechnik« nur zu rechtfertigen, weil dahinter möglicherweise eine Bemühung um die Lösung der vorliegenden seelischen Probleme der Ehe stehen könnte und sollte.

Wenn die Frequenzen nicht übereinstimmen ...

Ein besonderes und nicht seltenes Problem ist das der unterschiedlichen sexuellen Erwartungen. In der beraterischen Praxis taucht es immer häufiger auf, zumal auch Frauen ihre sexuellen Probleme zunehmend deutlicher empfinden und auch äußern.

Mit unterschiedlichen sexuellen Frequenzen ist gemeint, daß etwa der eine täglich mit dem Partner zärtlich sein möchte, der andere aber nur wöchentlich oder noch seltener. Es gibt Paare, die auf diese Weise, meistens zum großen Unwillen eines Partners, nur alle ein, zwei oder drei Monate eine intime Vereinigung praktizieren. Daß hierbei der potentere und aktivere erhebliche Frustrationen erleidet, liegt auf der Hand. Soll er jetzt fremdgehen? Soll er sich durch Askese und Hungerkuren dessexualisieren? Soll er den anderen animieren und stimulieren, überzeugen oder mit verführerischer Gewalt zum erwünschten Ziel bringen? Welche Lösung man auch immer wählt – meist bleibt ein unbefriedigter Rest. In das entstehende Vakuum, die frustrierende Lücke, tritt dann oft die Praxis der Selbstbefriedigung in irgendeiner Form. Man mag dies bedauern, attackieren oder therapeutisch auf andere Weise zu lösen versuchen: Tatsache bleibt, daß in vielen Ehen die sexuellen Bedürfnisse außerordentlich unterschiedlich und ungleich stark ausgeprägt sind. Hiergegen ist das therapeutische Patentrezept bis heute nicht gefunden. Auch Askese-Appelle bleiben in der Regel vergeblich. Bevor der ehegefährdende Weg einer Drittpartnerschaft, der Prostitution oder andere Formen des Fremdgehens gewählt werden, ist auch hier vielleicht die Selbstbefriedigung noch das kleinere Übel. Dennoch kann das nicht die letzte Antwort sein und darf es hierbei nicht bleiben, wenn man Sexualität als eine wertvolle, vom Schöpfer gewollte und den Menschen beglückende

Lebensqualität betrachtet und mit allem Nachdruck vertritt.

Sexualität – nicht Befriedigung, sondern Erwiderung

Die menschliche Sexualität ist nicht wie der Hunger oder der Durst nur ein biologisches Mittel der Selbsterhaltung. Sie reicht über den vordergründigen Befriedigungszweck hinaus, wie man ja auch Hunger und Durst nicht durch den Verzehr von Menschen befriedigt. Insofern sind diese Vergleiche, wie sie oft gezogen werden, sinnlos und inhuman. Sexualität hat vielmehr eine soziale Dimension. Sie ist statt auf Selbsterhaltung auf Arterhaltung gerichtet. Außer dem Fortpflanzungszweck hat sie natürlich den Effekt hohen Lustgewinns, nur deshalb ist sie überhaupt ein Thema.
Schließlich aber – und das ist das Entscheidende – ist sie eine Kraft der Kommunikation, die größte Energie der Bindung eines Menschen an einen anderen Menschen, ist Ausdruck und Sprache, ist liebende Zuwendung und innige Verschmelzung.
Daraus ergibt sich, daß nicht die Befriedigung eines Triebes ihr eigentliches Ziel und ihr wichtigster Inhalt ist, sondern die Erwiderung durch einen anderen, die liebende Ergänzung, das Du, mit dem wir uns vereinen.
Alle bis dahin praktizierte Sexualität ist unvollkommen, ist nur Fragment und nur ein Schritt auf einem Wege, an dessen Ende die Paarbeziehung und hier vor allem und zuletzt die eheliche Bindung steht. Arm ist darum jeder sexuelle Akt, Vergeudung deshalb jede sexuelle Praxis, die nicht eingebettet ist in diesen Du-Bezug und diese von Liebe getragene Einheit, der sie ihre Energie spendet und deren Glück sie vollendet.
Auf diesen zentralen und zielhaften, zumindest zukunfts-

bezogenen Aspekt muß man in Seelsorge und Beratung unbeirrt hinweisen. Sonst würde man in der Bewertung der Selbstbefriedigung falsch beraten sein und auch entsprechend falsch beraten. Der Psychotherapeut Viktor von Gebsattel ordnet die Onanie sogar als beziehungsfeindlich und aggressiv ein. Er spricht von einer »eros-feindlichen Intention« und schreibt: »Eine Tendenz zur Ausschaltung positiver Ich-Du-Verhältnisse verwirklicht sich im onanistischen Akt . . .« Soweit muß man vielleicht nicht in jedem Falle gehen. Aber sicher hat Professor Pieper recht, wenn er in seinem Buch »Zucht und Maß« schreibt: »Für den Menschen gibt es zweierlei Weise der Hinkehr zu sich selbst: eine selbstlose und eine selbstische. Nur die erste wirkt Selbstbewahrung, die zweite ist zerstörerisch. Die Menschenkunde unserer Zeit hat den Gedanken ausgesprochen: Echte Selbstbewahrung sei eine Hinwendung des Menschen auf sich selbst, deren wesentliches Merkmal darin liege, daß der Mensch dennoch nicht sich selbst ansehe. ›Wer sich selbst ansieht, leuchtet nicht.‹ Zucht ist selbstlose Selbstbewahrung. Unzucht ist Selbstzerstörung durch selbstische Entartung der auf Selbstbewahrung zielenden Kräfte.«

Hierin liegt vielleicht auch die vielfach mitgeteilte Empfindung und entsprechende Deutung der Selbstbefriedigung als Sünde begründet: Sünde ist Absonderung, die Absonderung von jeder Form der Hingabe, der Du-Beziehung und der Bindung. Sie ist ein Ausdruck des schuldhaften, in sich selbst verspannten Lebens. Daraus gilt es, zu befreien und zu erlösen.

Im Rahmen der Beratungsarbeit sollte man den Begriff der Sünde und auch den der Schuld möglichst vermeiden und nicht in die Therapie einführen. Was vor Gott letztlich Sünde ist, bestimmt nur er allein. Diese beiden Begriffe werden aber in Briefen und Gesprächen von Betroffenen verwendet, weil sie subjektiv so empfinden. Dieses Empfinden ist manchmal so stark verinnerlicht, daß es theologisch kaum noch zu vertreten und psychologisch selten verständlich erscheint. Dennoch muß das Schuldgefühl bei einem Betroffenen ernstgenommen und darf nicht bagatellisiert werden. Für ihn stellt es sich so dar. Allerdings wird beratende Seelsorge dann die wichtige Aufgabe haben, die Situation in einen normalen Rahmen einzubringen und sachlich zu behandeln sowie Schuld aufzuarbeiten und der Vergebung zuzuführen.

Wegen der Wichtigkeit dieses Aspektes sei nochmals wiederholt: Ein schuldhaftes Handeln und eine praktizierte Selbstbefriedigung, die von einem Mann oder einer Frau als Sünde empfunden werden, erlauben weder eine Verkleinerung noch ein Herunterspielen. Diese Situation muß als Not ausgehalten und sodann geistlich bereinigt werden. Eine Sexualberatung wird aber von sich aus niemals ein wie auch immer geartetes Verhalten im Rahmen der Onanie mit der erdrückenden Vokabel »Sünde« belegen, da dann eine nicht zu verantwortende Belastung dem Menschen auferlegt wird. Sexuelle Schwierigkeiten sind in dem gegebenen Umfeld zu lösen und sollten kein theologisches und geistliches Übergewicht erhalten. Es gehört zu einer verantwortlichen Seelsorge, den zutreffenden Aspekt zu sehen und im gegebenen Rahmen Hilfe anzubieten; jeder zusätzliche seelische Druck wäre schädlich. Seelsorge legt nicht eine Last auf, sondern nimmt diese ab. Die »Verfehlung« am Körper muß durch das seelsorgerliche Gespräch weniger quälend gemacht und vom Wiederholungszwang entlastet werden. Geschieht das, so ist es Gnade.

Es wäre zu einfach, dem in Selbstbefriedigung Befangenen nur den Rat zu geben, in Gebet und Willenskonzentration gegen das Übel anzukämpfen. Ihm muß deutlich werden, wie verkapselt, verklammert und verklemmt im Grunde seine Lebensenergie ist, er sich dadurch Einengung auferlegt und bei sich bleibt.

Er muß als die große Alternative dazu Liebe in irgendeiner Form erfahren: Schon das beratende Gespräch oder die therapeutische Hilfe ist eine solche Liebeserfahrung in abgewandelter Form.

Auch die Gotteserfahrung, die Zuwendung und Vergebung Christi vermitteln derartige Erfahrungen und sind ermutigend, richten auf neue Ziele aus, geben Kraft und Zuversicht. Sie vermögen im Einzelfall vielleicht auch der Triebenergie einen neuen Inhalt und eine Öffnung aus dem Gefängnis der Ich-Verfangenheit zu vermitteln.

Viel ist aber schon gewonnen, wenn der Mensch, um den es geht, aus dem Käfig seiner Phantasien, übersteigerten Wünsche und Ängste herausgeführt und mit einer realistischen Lebensperspektive konfrontiert wird. Daß hierbei die erotische Liebe immer eine besondere Bedeutung haben muß, ist offenkundig. Insofern verwirklicht sich die Du-Öffnung für die meisten Menschen ganz zweifellos in einer Partnerschaft mit einem Angehörigen des anderen Geschlechts, also in der ganz konkreten Liebesbeziehung. Sie sollte als Zukunftsdimension eröffnet werden. Wenn sie auch dann nicht möglich erscheint, sind doch sublimierende Formen der Entgrenzung und Entäußerung über das Ich hinaus denkbar, wie zahlreiche Beispiele überzeugender Menschen beweisen – ob man an eine warmherzige Diakonisse, einen beispielgebenden Priester oder Ordensgeistlichen, einen asketischen Forscher oder andere Formen ver-

wirklichter und kultivierter Sublimation denken mag. In jedem Falle ist es ein größeres Gegenüber, auf das der Betreffende gerichtet ist und für das er lebt. Der Mensch, so hat der Religionswissenschaftler Hans Joachim Schoeps einmal gesagt, ist das, woran er glaubt und wofür er liebend entbrennt. Hiermit wird ein neuer Horizont eröffnet. Und auf diese Eröffnung kommt es an. Sie ist es, die den Menschen über sich hinausreißt, die ihn befreit, entsklavt und auch von den lähmenden und quälenden Fesseln der eigenen Triebhaftigkeit erlöst.
Gerade auch Christen sollten sich dies bewußtmachen, von denen Nietzsche fordert: »Erlöster sollten die Christen aussehen, damit ich an ihren Erlöser glauben könnte.«
Zwischen Sexualität und Erlösung muß kein Widerspruch bestehen, ja, Sexualität selbst kann etwas Befreiendes haben, wenn sie in die liebende und belebende Du-Bindung eingebettet und – sie tragend – von ihr getragen wird. Erlöste Christen, die die Einheit von Körper und Seele im liebenden Bezug auf den andern leben – das ist ein Ziel, für das ein Ringen mit der so massiven Macht der Masturbation lohnt.

Das therapeutische Dilemma

Angesichts der verzwickten Beurteilungslage bei dem Problem Selbstbefriedigung ist es schwer, zu einem therapeutischen Grundansatz zu kommen.
Aus dieser Not heraus umgehen es Seelsorger, aber auch Ärzte und Psychologen am liebsten ganz und lassen den meist notvoll Ratsuchenden damit allein. Ein deutliches Beispiel dafür ist der folgende Brief, den wir auszugsweise zitieren: »Ich schreibe Ihnen, weil ich mit einem Problem (meinem Kreuz?) nicht mehr weiter kann. Ich breche zu-

sammen. Ich hatte mich schon an andere Menschen gewandt, doch hätte ich das besser gelassen. Um es kurz zu machen: Ich fühle mich abhängig von der Selbstbefriedigung. Sicherlich gibt es bei Jungen eine Entwicklungsphase, wo diese häufiger auftritt, aber ich in meinem 26. Lebensjahr fürchte, dieses Problem, dieses Laster, dieses Begehren wird mich nie verlassen. Aber vielleicht sollte ich etwas über meine Person berichten: Kurz vor meinem 19. Geburtstag bin ich Christ geworden. Seit dieser Zeit arbeitete Gott an meinem Leben. Vieles veränderte sich bei mir. Kurz vor meinem 21. Geburtstag wurde mir durch Gottes Weisung klar, daß ich von der Selbstbefriedigung loskommen müsse. Es gelang nicht! Ich stellte mir Ultimaten. Es gelang nicht! Ich betete, daß Gott mir diesen Trieb nehmen möge. Es gelang nicht! Ich suchte nach anderen Beschäftigungen, um mich abzulenken. Es gelang nicht ... Irgendwann war ich so verzweifelt, daß ich unseren Pastor anrief, um ihm zu sagen, daß ich sehr unglücklich und traurig sei. Bis dahin hielten mich nämlich alle in unserer christlichen Jugendgruppe, auch er, für heiter und lebenslustig. Ich weinte am Telefon, sagte aber nichts zur Sache. Als ich ihn am Nachmittag besuchte, sagte ich ihm immer noch nicht, was mich belastete. Ich weinte nur. Fünf Tage später hielt ich es nach einem Rückfall nicht mehr aus. Zudem erfuhr ich noch am selben Morgen, daß unser Pastor die Gemeinde verlassen wolle. Ich fuhr gleich zu ihm und kam unter Tränen zur Sache. In der folgenden Zeit wurde ich dann so, wie ich auch heute noch gelegentlich bin: Ich bekam Depressionen. Anfangs hatte unser Pastor noch ausreichend Zeit für mich, so daß ich ihm immer wieder mein Herz ausschütten konnte, obwohl ich mich jedesmal mehr schämte. Ich fühlte mich nicht als rechter Christ und mied auch gelegentlich christliche Veranstaltungen, weil ich mich für unwürdig hielt und auch noch halte. Ich komme mir wie ein

Heuchler, ein Wolf im Schafspelz vor. Auch kürzlich mied ich nach einem erneuten Rückfall die Bibelstunde aus Scham. Unser Pastor hatte immer weniger Zeit. Als er schließlich die Gemeinde verlassen hatte, schrieb ich ihm immer wieder. Er antwortete nie.
Gelegentlich habe ich ihn wiedergesehen, doch ist er mir aus dem Wege gegangen. Das tat und tut mir sehr weh. Ich fühle mich allein gelassen. Als wir bei einer Freizeit das Thema Seelsorge besprachen, konnte ich in Erinnerung an das oben Geschilderte nur mühselig die Tränen zurückhalten. Auch an einen bekannten Prediger habe ich mich während einer Evangelisation gewandt. In einem Brief teilte er mir mit, daß auch seine Zeit knapp bemessen sei wegen vielfältiger Aktivitäten. Was sollte ich tun? . . . Seit einiger Zeit führe ich ein Tagebuch über meine schlechte Angewohnheit, damit ich sehen kann, in welchen Situationen ich besonders anfällig bin. Doch all das macht mich nicht frei. Was macht mich frei? Was mache ich falsch?«
Hier gewinnt man den zwingenden Eindruck, daß vor allem die Seelsorger, Berater und Therapeuten einiges falsch machen. Denn eins ist sicher: Durch Ignorieren wird kein Problem gelöst. Und das mindeste, was man einem Menschen, der in dieser Sache Not empfindet und sich allein gelassen fühlt, gewähren soll und muß, ist ein offenes, verständnisvolles Gespräch auf der Ebene von Solidarität und gemeinsamer Suche nach einer Lösung.
Wir haben in unseren vorhergehenden Überlegungen einige Formen der Selbstbefriedigung unterschieden: die Entwicklungs-Onanie Jugendlicher von der Not-Onanie Erwachsener, die gelegentliche von der suchtartigen, die Selbstliebe von der Ersatz-Onanie, die isolationsbedingte von der krankhaften usw. Entsprechend müßte auch der beratend-therapeutische Ansatz sein.
Beim Jugendlichen wird man sagen dürfen, daß er seine

Funktion noch nicht eingeübt hat und nun überfordert ist, bis die Einordnung in den psychophysischen Gesamtorganismus gelungen ist. Auch wird die Findung des Partners auf Dauer dem Problem von selbst ein Ende setzen. Das dürfte der normale Weg sein.

Er wird später eventuell fortgesetzt – wenn es zu längeren Trennungen der Partner kommt – durch die sogenannte Not-Onanie. Es ist anzunehmen, daß auch viele alleinlebende Menschen, wohl auch Zölibatäre, hiervon nicht ganz loskommen. Man muß sich vor tiefer Verdammung ebenso wie vor flacher Verharmlosung hüten. Der Trieb erinnert uns daran, wie unvollkommen der Mensch nun eben ist und wie schwer es ihm fällt, sich zu beherrschen und »in den Griff« zu bekommen. Daß aber das Ringen und Mühen nicht aufhören dürfen, ist unerläßlich. Zugleich ist eine weitherzige und umfassende Vergebung die immer wieder notwendige, auch seelsorgerlich-therapeutische Antwort hierauf.

Daß dies in jedem Gespräch zwischen dem Menschen in Not und seinem Berater eine Rolle spielen muß, sollte selbstverständlich sein. Zugleich muß aber auch dem einzelnen zugestanden werden, daß er selbst den direkten Weg zu Gott findet und die Vergebung Gottes in Anspruch nimmt und damit das Problem ausräumt, statt es in wachsender Angst und Sorge zur Unerträglichkeit aufhäufen zu lassen.

Es gibt so etwas wie eine gegenseitige Eskalation von Trieb und Tabu: Je schlimmer, verbotener und tabuierter eine Sache ist, desto mehr reizt sie und drängt nach Ausübung und Wiederholung. Es kommt also auch darauf an, eine Gesamtordnung zu finden und damit den Trieb zu entlasten. Die grundsätzliche Lebensordnung und eine gesunde Gelassenheit – nicht gleichbedeutend mit Verharmlosung – sowie ein Hinweisen auf positive Ziele und wertvollere

Phantasie- und Gedankeninhalte können therapeutisch günstig wirken.
Bei den suchtartigen Formen kommt es entschieden darauf an, die Ursachen dieser Sucht – bei Kindern meistens Alleingelassensein, Geborgenheitsverlust, Mißerfolge und Frustrationen, Vernachlässigung und Liebesentzug durch die Eltern – aufzudecken und auszuräumen. Hier ist – ähnlich wie bei anderem Fehlverhalten wie etwa Nägelkauen, Einnässen oder Einkoten – die Kausaltherapie angebracht. Im weiteren müssen auch bessere Alternativen geboten werden. Zugleich sind in jedem Fall Reizmomente wie scharfe Speisen und Getränke oder auch dauerndes Fernsehen oder gar Pornovideos oder ähnliches auszuschließen.
Wo Bindungsunfähigkeit, Kontaktmangel und soziale Isolation die Ursache bilden, ist die Therapie – meistens über sehr lange Zeit – den entsprechenden emotionalen Defiziten, beziehungsweise dem Ausbau der vorhandenen Fähigkeiten und Stärken zu widmen. Hier ist Gruppentherapie – insbesondere bei Kindern – mit dem Ziel der Herstellung guter Beziehungen, gemeinsamer Aktivitäten und gegenseitigen Austausches vorzunehmen.
Betroffene wünschen und erbitten in Briefen und Gesprächen konkrete »Tips« zur Vermeidung aufkommenden Verlangens. Vom Seelsorger wird dann deutlich darauf hinzuweisen sein, daß es weder Rezepte gibt noch Schubladen, in denen die richtige Lösung steckt und abrufbar wäre. In der Tat gibt es in keinem Fall die sogenannten Tips.
Auch ein sorgfältiger Umgang mit dem Begriff Therapie ist angezeigt, denn diese Vokabel verführt zu Erwartungen, die so allgemein nicht erfüllbar sind und eher gedämpft werden sollten. Nur individuell kann überlegt, geraten und geholfen werden, wenn der Klient innerlich aufgeschlossen ist und die eigenen Kräfte nicht mehr ausreichen, sich aus

der Situation herauszuhelfen. Die Bedürftigkeit muß erkannt worden sein und damit die Offenheit für den seelsorgerlichen Rat. Seelsorge ist letztlich nicht mit Therapie gleichzusetzen. Therapie stellt die hilfreiche Verbindung von zwei oder mehr Personen dar. Seelsorge jedoch ist davon abhängig, daß Gott selbst als der Herr des Menschen in das Problem eingebracht wird und in die Ohnmacht des Betroffenen eingreift. Dabei wird der Wille des Menschen nicht ausgeschaltet, sondern vielmehr aktiviert und in das Geschehen einbezogen. Denn ohne die Willenskraft des Betroffenen und die Arbeit am eigenen Wesen und der seelischen Struktur ist das Problem der Selbstbefriedigung nicht zu bewältigen. Er wird herausgefordert zur Anstrengung, er wird ermutigt, einen festen Weg zu suchen.

Man kann im Leben nicht vermeiden, daß man nach einem Regenguß in eine Pfütze tritt. Aber man wird in dieser Wasserlache nicht stehenbleiben oder sich gar niederlegen, sondern schnelle Schritte tun auf einen gangbaren, trockenen Weg. Diese Selbstüberwindung und Eigeninitiative können weder ein Therapeut noch ein Seelsorger abnehmen, sondern erfordern die Energie des Betroffenen. Eine seelsorgerliche oder therapeutische Begleitung ist daher im Grunde nur begrenzt möglich. Es darf auch keine Abhängigkeit oder gar Hörigkeit zwischen Klient und Seelsorger entstehen, da sonst erneut falsche Bindungen wachsen. In Fragen der intimen Körperlichkeit muß der Klient letztlich wieder auf eigenen Füßen und in eigener Verantwortung stehen können. Somit ist eine Loslösung von helfenden Personen unverzichtbar. Die Bereitschaft zur Selbsthilfe und zur Überwindung von Schwächen ist daher eine der Voraussetzungen auf dem Wege zur Befreiung aus zwanghaften Handlungen.

Eine restlose Aufhebung dieser Probleme wird es jedoch kaum jemals geben, weil der Trieb einfach seine Eigendynamik und bei längerem Mißbrauch auch seine schon gebahnten Wege mit den entsprechenden Wiederholungszwängen beweist. Insofern sind Geduld, Verständnis, ja Barmherzigkeit die letzten therapeutischen und seelsorgerlichen Antworten. Damit erkennen wir den Begrenztheitshorizont unseres Mühens ebenso an wie die unerforschlichen Kräfte, die in uns Menschen aufeinanderstoßen und deren wir nie ganz Herr zu werden vermögen. Jeder von uns ist – so Ulrich von Hutten – »kein aufgeschlagenes Buch, sondern ein Mensch in seinem Widerspruch«. Dagegen steht unverbrüchlich fest, daß wir mit der Treue Gottes in jeder notvollen Lebenssituation rechnen dürfen und er uns in seiner Barmherzigkeit nicht im Stich läßt. »Der Herr ist treu« – das gilt für die Vergebungsbereitschaft Jesu Christi und seine Wegbegleitung im Alltag.

Literaturverzeichnis

Beer, U.	Kraft aus der Einsamkeit, 1990
Bornemann, E.	Lexikon der Liebe, 1978
Bovet, Th.	Die werdende Frau, 1968
ders.	Von Mann zu Mann, 1968
Ell, E.	Dynamische Sexualmoral, 1972
Freud, S.	Drei Abhandlungen zur Sexualtheorie, 1904
Giese, H.	Die sexuelle Perversion, 1987
Haire, N.	Geschlecht und Liebe heute, 1965
Heil, H.J. und Naujokat, G.	Der sexte Sinn, 1988
Kentler, H.	Sexualerziehung, 1968
Ruthe, R.	Intim gefragt - offen geantwortet, 1966
ders.	Geschlechtererziehung, 1967

DIE WEISSE REIHE

Lieferbare Titel:

8 Joachim Illies
Schöpfung, Scham und Menschenwürde
Betrachtungen eines Biologen zur Sexualität und Fortpflanzung

9 Werner Jentsch
Biblische Seelsorge
Herausforderung an moderne Beratungskonzeptionen

10 Hans Böttcher
Integrierte Sexualität
Lehr- und Lernhilfen für eine Pädagogik der Intimität

11 Gerhard Naujokat
Der käufliche Körper
Zum Problem der Prostitution

12 Gerhard Naujokat
Verschwiegene Gefühle
Das Problem der Selbstbefriedigung

Die Reihe wird fortgesetzt

Weitere Titel des Autors

Drum prüfe, wer sich ewig bindet . . .
Erst denken – dann heiraten

Noch allein? Wieder allein?
Ledig – verwitwet – geschieden

Christsein im Härtetest
Die Bergpredigt und der Zeitgeist

Junge Menschen – erste Liebe
Begegnung der Gefühle

Ehe ohne Heirat
Partner ohne Bindung?

Der käufliche Körper
Zum Problem der Prostitution

Altwerden ist (k)eine Kunst
Vorbereitung auf das Alter

Das ungeborene Leben
Überlegungen zum Schwangerschaftsabbruch

Liebesbeziehungen vor der Ehe
Eine geistliche Orientierung

Verlag Weißes Kreuz GmbH · Postfach 3140
3502 Vellmar-Kassel

Christa Meves

Kindgerechte Sexualerziehung

Bilanz und Neuanfang

Die Autorin zieht Bilanz mit Hilfe umfänglicher Informationen über die theoretischen Hintergründe der bisherigen Entwicklung. Auf dieser Basis verdeutlicht sie dann pädagogische Schwerpunkte für eine Sexualerziehung, die vorrangig eine kindgerechte zu sein hat. Für Eltern, Erzieher, Lehrer, Jugendleiter und Pfarrer ein wichtiger Ratgeber.

Christa Meves/Jutta Schmidt

ANIMA – Verletzte Mädchenseele

Die Frau zwischen Verfremdung und Entfaltung

Der Text-Bild-Band ist ein Dokument seelischer Krisen, Nöte und Konflikte, enttäuschter Hoffnungen und erahnter Rettung. Eine gestörte, verletzte und endlich geheilte Mädchenseele wird zum Symbol für einen Trend unserer Zeit und eine seelenblinde Männerwelt. Christa Meves zeigt nach der kritischen Analyse Wege der Gesundung für die moderne, zu einer fragwürdigen Emanzipation genötigten Frau. 46 Zeichnungen

Christa Meves

Ich habe ein Problem

Lebensfragen junger Menschen

Die Autorin spricht eine Fülle von Fragen an: die Notwendigkeit von Spielregeln, Mitteilungsbedürfnis, der einzelne in der Gruppe, Zivilcourage, die Pille, Fragen nach dem Glück, der Wahrheit und einer verantwortungsbewußten Lebensweise. Das durch Praxisbeispiele lebendig gestaltete Buch ist eine Hilfe in bedrängenden Konfliktsituationen.

Gottfried Schröter/Gerhard Naujokat

Liebe – schwer und schön

Wegweisung für junge Christen

Liebe ist spannend und seelisch aufregend, sie ist das Abenteuer der besonderen Begegnung zweier Menschen. Liebe ist die Kraft des Herzens, die sich gleichzeitig zu verschenken und zu binden vermag. Junge Christen werden sich verlieben und dabei in Konflikte und Probleme geraten. Dieses Buch gibt Orientierung.

Christa Meves

Wer paßt zu mir?

Der Lebenspartner – Wahl oder Qual?

»Den absolut passenden Partner gibt es nicht«, formuliert die Autorin und entwickelt eine bemerkenswerte Charakterstudie und Typenlehre. Gut und treffend klärt sie manche Ungereimtheiten im Blick auf die Partnerwahl. Ein Buch nicht nur für junge Leute, sondern auch für Erzieher, Eheberater, Pfarrer und Jugendleiter. Eine wichtige Ergänzung zum Thema bildet das Schlußkapitel »Alleinbleiben als Aufgabe«.

Dietmar Rost

Unserm Kind zuliebe

Geschlechtserziehung von Anfang an

»Geschlechtliche Erziehung kann am deutlichsten als geschlechtliche Charaktererziehung beschrieben werden«, heißt es zu Beginn des Buches. Eine altersgerechte Sexualaufklärung des Kindes auf der Basis einer liebevollen, wachen und ehrlichen Erziehung ist sein erfolgversprechendes Anliegen. Für schwierige Aufklärungsthemen macht der Autor Vorschläge in Dialogform. Als Ratgeber für Eltern, Lehrer und Erzieher ist dieses Aufklärungswerk unentbehrlich.

Christa Meves

Nußschalen im Ozean

Von der Hoffnung, ans Ufer zu kommen

Ist der Mensch Treibholz in den Wellen des Lebens? Findet er kaum noch Anker und Ufer? Wird er erdrückt im Sturm der Gefühle und Süchte, bedrängt von Einsamkeit? Die Autorin zeigt einen Weg, wie das krisengeschüttelte Dasein bewältigt werden kann.

Hansjörg Bräumer

Liebe und Leidenschaft, Schönheit und Scham, Verlobung und Trauung

Eine biblische Betrachtung

Diese biblische Betrachtung, die sich mit den wichtigsten zwischenmenschlichen Begriffen befaßt, zeigt ethische Maßstäbe auf, denn Liebe und Sexualität sind göttlichen Ordnungen unterstellt.

Christa Meves

Der Mensch hinter seiner Maske

Aufsätze zu seelischen Grundphänomenen

Seelenmasken; Psychopathologie des Schenkens; Eigentumsbildung – Streben nach Sicherheit; Unbewußte Hintergründe des Verbandsfestes; Maske Magersucht; Zur Psychologie des Hungerstreiks; Der Triumph des Ego; Bindung und Befreiung – das polare Prinzip im Menschenleben; Entwickeln wir uns zu einer Singlegesellschaft? u. a.

Christa Meves

Plädoyer für das Schamgefühl

und weitere aktuelle Beiträge

Ist es sinnvoll, das Schamgefühl abzuschaffen? Dieses Buch bleibt nicht bei oberflächlicher Aktualität, sondern zeigt die tiefere Bedeutung dieses Trends an unterschiedlichen menschlichen Problemen, die einer schützenden Zone bedürfen.

Verlag Weißes Kreuz GmbH
Postfach 3140 · 3502 Vellmar-Kassel